숨쉬는 중국어

고급편

숨쉬는 중국어 고급편

저　　자	이명순
북디자인	Design Didot 디자인디도
그　　림	이일선
발 행 인	윤우상
초판인쇄	2007년 12월 20일
발 행 일	2007년 12월 26일
발 행 처	송산출판사
주　　소	서울특별시 서대문구 홍제 4동 104-6
전　　화	(02) 735-6189
팩　　스	(02) 737-2260
홈페이지	http://www.songsanpup.co.kr
등록일자	1976년 2월 2일. 제 9-40호

ISBN　　978-89-7780-110-3　18720
　　　　　978-89-7780-107-3　18720 (세트)

숨쉬는 중국어

저자 이명순

고급편

송산출판사

머리말

중국은 한국과 가까우면서도 교류가 가장 많은 나라입니다. 따라서 요즘은 영어보다도 중국어를 잘하면 취직도 잘되고 회사에서도 인정을 받는다고 하니 빨리 서둘러 중국어 공부를 시작해야 합니다. 그러나 막상 중국어 공부를 시작하려고 서점에 가보면 책은 많은데 한국인에게 알맞은 교재가 없는 것 같습니다. 물론 다양한 중국어 학습서는 학습자들에게 선택의 폭을 넓힐 수 있지만 이들은 대체로 중국 현지에서 사용되고 있는 학습서를 그대로 옮겨오거나, 외국인을 위해 편찬된 학습서라 하더라도 그것이 한국인을 겨냥한 것은 아닙니다. 그러므로 한국인이 이해하기 쉽고 또 한국인의 정서에 맞는 회화 내용이 담긴 책을 찾기 어렵습니다. 이 책은 이러한 한국인 학습자들의 입장을 고려하고, 한국인으로서 중국어를 표현하는 능력을 키워주고자 하는 목적에서 기획되었습니다. 본인은 오랫동안 중국어를 가르치면서 책을 많이 편찬했습니다. 좀더 학습자들에게 효율적이고 효과적으로 회화를 습득할 수 있는 교재를 개발해야겠다는 욕심을 가지고 이 책을 펴내게 되었습니다.

　　이 교재는 일상 생활에서 반드시 필요한 다양한 상황별 회화를 다루었으며, 필수 어법 또한 체계적으로 설명해 놓았습니다. 특히 학습자들이 이해하기 어려운 비슷한 단어들을 한눈에 들어올 수 있도록 도표로 정리해 놓았습니다. 그리고 본 교재의 연습문제 중 어휘 플러스는 저자가 독창적으로 개발한 것입니다. 이 코너는 한국에서 쓰는 한문과 중국어 뜻이 일치하는 단어를 선정하여 중국어를 보다 쉽고 재미있게 배우도록 꾸몄습니다. 그리고 문형 연습, 그림을 보고 말하기 등 다양한 연습문제가 준비되어 있으니 학습자들의 공부에 많은 도움이 되기를 바랍니다.

　　중국어를 공부하는 학습자들의 날로 진보하는 모습을 그려보면서 소기의 성과를 거둘 수 있기를 기원합니다. 끝으로 이런 저자의 의도에 기꺼이 응해주시고 적극적인 배려를 아끼지 않으신 송산출판사 윤우상 사장님과 유후랑 과장님 그리고 작업을 도와 주신 편집부 직원들의 노고에 감사를 드립니다.

2007년 12월

저자 **이명순**

'숨쉬는 중국어'는
이렇게 구성되어 있습니다!

새 단어

본문의 내용과 관련된 어휘를 기본 회화 단어, 실전 회화 단어, 서술하기 단어 등 3개 부분으로 나누어 놓았습니다.

기본 회화

각 과마다 꼭 익혀두어야 할 기본 표현을 다루었으니 잘 익혀두면 공부에 도움이 많이 될 것입니다.

실전 회화

실전에서 바로 사용할 수 있는 회화 내용을 다루었습니다. 반복해서 연습하여 내 것으로 만들어 보세요.

서술하기

중국어 공부는 회화도 중요하지만 서술도 중요합니다. 따라서 쉽고 재미있는 내용을 서술 형식으로 꾸며 보았습니다.

문법 해설

문법 설명이 아주 체계적이며 또 학습자들이 이해하기 어려운 비슷한 단어들을 한눈에 들어올 수 있도록 도표로 정리해 놓았습니다.

그림으로 배우는 중국어

회화에서 다룰 수 없는 유용한 단어와 표현을 그림 형식으로 꾸며 놓았습니다. 그림이 코믹하고 내용도 재미있습니다.

말하기 연습

기본 회화와 실전 회화를 배운 다음 자기 스스로가 말할 수 있는지 체크할 수 있는 연습문제입니다. 그림을 보고 대답을 하거나 질문을 하면 됩니다.

어휘 플러스

한국에서 쓰는 한문과 중국어 뜻이 일치하는 단어를 선정하여 중국어를 보다 쉽고 재미있게 배우도록 꾸몄습니다.

번역하기

더 다양한 중국어 공부를 하기 위하여 번역하기 코너를 개설하였습니다. 새 단어는 아래쪽에 실어 놓았으니 번역만 하면 됩니다.

어휘력 테스트

단어를 하나만 배울 것이 아니라 비슷한 단어도 함께 알아두면 공부에 도움이 많이 될 것입니다.

프리토킹

여러분들의 관심사들을 모아 자유롭게 자기 견해를 말해 보는 코너입니다.

독해

지금까지 배워 온 중국어 실력으로 독해를 한번 해 보세요.

서술하기 연습

4컷의 만화 그림을 보고 이야기를 꾸며보는 코너입니다. 여러분들의 상상력을 충분히 발휘하여 이야기를 재미있게 꾸며보세요.

目录

01 什么时候能发货?

언제 출하할 수 있습니까?

기본 회화 단어

- 离岸价 lí'ànjià • 명 본선 인도 가격. F.O.B 가격
- 到岸价 dào'ànjià • 명 운임·보험료 포함 가격. C.I.F 가격
- 美元 měiyuán • 명 달러
- 批发价 pīfājià • 명 도매가격
- 零售价 língshòujià • 명 소매가
- 成本价 chéngběnjià • 명 원가
- 销售价 xiāoshòujià • 명 판매가

실전 회화 단어 ①

- 好思佳 Hǎosījiā • 명 호스쨔(회사명)
- 商贸 shāngmào • 명 상업과 무역
- 有限公司 yǒuxiàn gōngsī • 명 유한회사
- 文明 Wénmíng • 명 원밍(회사명)
- 定货 dìnghuò • 동 물품을 주문하다
- 直接 zhíjiē • 부 직접
- 桶 tǒng • 양 (물건을 담는 원형의) 통
- 油墨 yóumò • 명 인쇄 잉크
- 现货 xiànhuò • 명 현물. 현품
- 发 fā • 동 발송하다
- 发货 fāhuò • 동 출하하다
- 抱歉 bàoqiàn • 동 미안해하다

- 漏 lòu • 동 새다
- 不必 búbì • …할 필요가 없다

실전 회화 단어 ②

- 出现 chūxiàn • 동 출현되다. 발견되다
- 废品 fèipǐn • 명 불량품
- 到底 dàodǐ • 부 도대체
- 查 chá • 동 검사하다
- 一整天 yìzhěngtiān • 명 하루 꼬박. 온종일
- 查不出来 chá bu chūlái • (원인을) 찾아내지 못하다
- 原因 yuányīn • 명 원인
- 查出原因来 chá chū yuányīn lai • 원인을 찾아내다
- 没法儿 méifǎr • 방법이 없다
- 按时 ànshí • 부 제때에. 제시간에
- 交货 jiāohuò • 동 물품을 인도하다
- 尽量 jǐnliàng • 부 최대한도로. 되도록
- 发出去 fā chuqu • 발송하다
- 家 jiā • 양 가게·기업 따위를 세는 단위
- 明信 Míngxìn • 명 밍신(회사명)
- 新星 Xīnxīng • 명 신씽(회사명)
- 确认 quèrèn • 동 확인하다
- 海关 hǎiguān • 명 세관
- 早晨 zǎochén • 명 아침

기본 회화

Ⓐ 离岸价 是 多少?
　Lí'ànjià 　shì duōshao?

Ⓑ 15 　美元。
　Shíwǔ měiyuán.

Ⓐ 到岸价 呢?
　Dào'ànjià 　ne?

Ⓑ 28 　美元。
　Èrshíbā měiyuán.

회화 연습

批发价 —— 零售价
pīfājià 　　língshòujià

成本价 —— 销售价
chéngběnjià 　xiāoshòujià

Ⓐ : 喂，你好！好思佳商贸有限公司。

Ⓑ : 我是文明，李科长在吗？我们想定点儿货。

Ⓐ : 他不在，他去中国出差了，您直接跟我说吧。

Ⓑ : 好的，我们要150桶黑色油墨，80桶红色油墨和40桶蓝色油墨。

Ⓐ : 真不好意思，蓝色油墨没有现货。

Ⓑ : 那就先给我们发黑色和红色油墨吧。

Ⓐ : 好的。明天发货的话，后天到，可以吗？

Ⓑ : 可以，对了，你们上个星期发的黑色油墨，有一桶漏了。

Ⓐ : 真抱歉，那这次我们多给你们发一桶吧。

Ⓑ : 那倒不必，不过以后可不能再出现这样的情况了。

Ⓐ : 一定。蓝色油墨你们还要不要了？

Ⓑ : 要啊，你们什么时候能发货？

Ⓐ : 大概要五天以后。

Ⓑ : 那就五天以后再发给我们吧。

Ⓐ : 好的。

실전 회화 ❷

Ⓐ : 怎么会出现这么多废品呢？到底是什么毛病？

Ⓑ : 现在还不太清楚，我们查了一整天了，可还是查不出原因来。

Ⓐ : 今天一定要查出原因来，不然就没法儿按时交货了。

Ⓑ : 知道了。

Ⓐ : 我让你发的传真都发出去了吗？

Ⓑ : 都发出去了，不过有两家公司的传真号码好像不对。

Ⓐ : 哪两家公司？

Ⓑ : 明信和新星。

Ⓐ : 那你给这两家公司打个电话再确认一下。

Ⓑ : 好的。噢，对了，今天上午海关来过电话。

Ⓐ : 他们说什么？

Ⓑ : 他们说让你下午一点在公司里等他们。

Ⓐ : 这么重要的事儿怎么才告诉我？

Ⓑ : 对不起，科长。

Ⓐ : 不是我跟你们生气，从早晨到现在没有一件让人高兴的事情。

看，那些加班的年轻人！

一位欧洲的探险者到南美洲去探险，雇了两个印第安人做向导。当旅行到了第四天的时候，那两个印第安人说什么也不走了。其中一个印第安人说："印第安人部落有一个规矩，旅行三天之后必须休息一天，这样才能让灵魂跟得上我们的脚步。"

很多人在听到这个寓言后若有所思，但在现实生活中很少有人会去实施它，作为公司的一员他们必须不停地工作。"加班文化"正在成为一种被大家默认的规则，虽然没有谁规定必须要加班，但大家都很清楚，如果你选择不加班，你就没有办法在这个组织里生存。就这样，加班已成为一种习惯，却很少有人问，我们为什么要加班。

번역하기 단어

加班 jiābān • 연장근무하다	脚步 jiǎobù • 발걸음
年轻人 niánqīngrén • 젊은이	寓言 yùyán • 우언. 우화
欧洲 Ōuzhōu • 유럽	若有所思 ruò yǒu suǒ sī • 어떤 생각에 잠긴 듯하다
探险者 tànxiǎnzhě • 탐험가	在…中 zài…zhōng • …중에서
南美洲 Nánměizhōu • 남미주	现实 xiànshí • 현실
雇 gù • 고용하다	实施 shíshī • 실시하다
印第安人 Yìndì'ānrén • 인디언	作为 zuòwéi • …의 신분으로
向导 xiàngdǎo • 길안내자. 향도	一员 yìyuán • 일원. 구성원
说什么也不 shuō shénme yě bù • 결코 …을 하지 않으려고 하다	不停地 bùtíngde • 끊임 없이. 쉴새 없이
其中 qízhōng • 그 중	默认 mòrèn • 묵인하다
部落 bùluò • 부족. 부락	被 bèi • 피동을 나타냄
规矩 guīju • 규율. 법칙	规则 guīzé • 규칙
必须 bìxū • 반드시 …해야 한다	规定 guīdìng • 규정(하다)
灵魂 línghún • 영혼	选择 xuǎnzé • 선택하다
跟得上 gēn de shàng • 따라갈 수 있다	组织 zǔzhī • 조직
	生存 shēngcún • 생존(하다)

 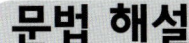
방향보어의 파생적 의미

단어	파생적 의미	예문
出来	숨겨져 있던 것을 밖으로 드러내다	有话就说出来，别闷在肚子里。 할 말이 있으면 해, 마음속에 두지 말고. 快点儿找出来。 빨리 찾아내. 你变化太大了，我都认不出来了。 네 변화가 너무 커서 나는 못 알아보겠다.
出去	비밀을 누설하다	这是秘密，你可别说出去。 이것은 비밀이니, 말하면 안 돼.
下来1	'정적인 상태로 남겨놓기 위하여 카메라에 담는다든가 아니면 종이에 글을 적다' 라는 뜻을 나타냄	彩虹真美，快照下来。 무지개가 너무 아름답다. 빨리 찍어. 你的电话号码我已经记下来了。 네 전화번호를 내가 이미 적어 놓았어.
下来2	'기차·눈·비 등이 점점 멈추다' 라는 뜻을 나타냄	火车慢慢地停下来了。 기차가 천천히 멈추기 시작하였다. 雨渐渐地停下来了。 비가 점점 그치기 시작하였다.
下去	계속 …하다	说下去。 계속 말해. 文章开头很不错，你写下去吧。 문장 앞 부분이 괜찮은 것 같은데, 계속 쓰세요.
起来1	흩어져 있던 것을 한 곳으로 모아놓다	衣服我已经都收起来了。 내가 이미 옷을 다 거두어 놓았어.
起来2	…할 때	说起来容易，做起来难。 말하기는 쉽지만, 하기는 어렵다.
过来1	원래 상태나 정상적인 상태로 돌아오다. 혹은 더 나은 상태로 변환하다	他醒过来了。 그가 깨어났다. 大家都醒悟过来了。 모두들 깨닫기 시작하였다.
过来2	'수량이 너무 많아서 다 …할 수 없다' 라는 뜻을 나타냄	这么多菜，我都吃不过来了。 반찬이 너무 많아서 무엇을 먹었으면 좋을지 모르겠다. 看不过来了。 무엇을 보았으면 좋을지 모르겠다.
过去	정상의 상태를 벗어나다	她昏过去了。 그녀는 혼수 상태에 빠졌다.

xià dìngdān
下 定单
발주서를 내다

fā chuánzhēn
发 传真
팩스를 보내다

qiàtán yèwù
洽谈 业务
업무를 상담하다

kāi dōngshì huìyì
开 董事 会议
이사회를 열다

cùxiāo huódòng
促销 活动
판촉 활동

fāhuò
发货
출하하다

jízhuāngxiāng
集装箱
컨테이너

fāhuòdān
发货单
인보이스

zēngzhíshuì fāpiào
增值税 发票
세금계산서

어휘 플러스

❶ 零售 : _____영하, _____영시, _____용돈, _____잔돈
língshòu

▶▶▶
  ⓐ 零点　　　　　ⓑ 零下　　　　　ⓒ 零用钱　　　　　ⓓ 零钱
    língdiǎn　　　　língxià　　　　língyòngqián　　　　língqián

❷ 成本 : _____성적, _____성과, _____성공하다, _____성숙하다
chéngběn

▶▶▶
  ⓐ 成果　　　　　ⓑ 成绩　　　　　ⓒ 成功　　　　　ⓓ 成熟
    chéngguǒ　　　　chéngjì　　　　chénggōng　　　　chéngshú

❸ 油墨 : _____유채, _____느끼하다, _____유전, _____페인트
yóumò

▶▶▶
  ⓐ 油田　　　　　ⓑ 油菜　　　　　ⓒ 油漆　　　　　ⓓ 油腻
    yóutián　　　　yóucài　　　　yóuqi　　　　yóunì

❹ 黑色 : _____하얀색, _____회색, _____자주색, _____커피색
hēisè

▶▶▶
  ⓐ 灰色　　　　　ⓑ 白色　　　　　ⓒ 紫色　　　　　ⓓ 咖啡色
    huīsè　　　　báisè　　　　zǐsè　　　　kāfēisè

❺ 情况 : _____애인, _____정보, _____정취, _____정서
qíngkuàng

▶▶▶
  ⓐ 情报　　　　　ⓑ 情趣　　　　　ⓒ 情绪　　　　　ⓓ 情人
    qíngbào　　　　qíngqù　　　　qíngxù　　　　qíngrén

어휘력 테스트

◉ 다른 색으로 표기되어 있는 단어와 가장 비슷한 뜻을 가진 단어를 보기 중에서
골라보세요.

❶ 老板让你到他办公室去一趟。

    ⓐ 叫   ⓑ 使   ⓒ 给   ⓓ 把

❷ 不过以后可不能再出现这样的情况了。

    ⓐ 可是   ⓑ 真的   ⓒ 可以   ⓓ 可能

❸ 蓝色油墨你们还要不要了?

    ⓐ 想   ⓑ 要求   ⓒ 得   ⓓ 需要

❹ 怎么会出现这么多废品呢?

    ⓐ 合格产品   ⓑ 样品   ⓒ 次品   ⓓ 产品

❺ 我们查了一整天了,可还是查不出原因来。

    ⓐ 审查   ⓑ 找一下   ⓒ 检查   ⓓ 调查

❻ 今天一定要查出原因来,不然就没法儿按时交货了。

    ⓐ 方法   ⓑ 法人   ⓒ 法权   ⓓ 办法

❼ 那你给这两家公司打个电话再确认一下。

    ⓐ 家庭   ⓑ 家长   ⓒ 个   ⓓ 家人

◉ 아래의 예문을 잘 읽어 보고 순서를 재 배열하여 이야기를 꾸며 보세요.

01. 我的孩子住在美国，所以我每年都去一次美国

02. 篮球场旁边有一个跳远儿(tiàoyuǎnr, 멀리뛰기) 用的沙坑(shākēng, 모래밭)

03. 警察说要想办法找到野猫(yěmāo, 야생 고양이) 的主人

04. 这一招(zhāo, 수단)确实很灵，野猫被抓住了

05. 但是苦于(kǔyú, 고심하다) 没法处置(chǔzhì, 처치하다)，想来想去最后还是交给了警察

06. 一只野猫总是在沙坑里拉屎(lāshǐ, 대변을 보다)，我的孩子找到警察

07. 然后对野猫的主人进行罚款(fákuǎn, 벌금을 부과하다)

08. 我孩子家附近有一个篮球场

09. 这是美国警察生活的一个侧影(cèyǐng, 측면상)

10. 我对美国印象最深的是美国的警察

11. 警察让我的孩子到警察署去领一个诱捕(yòubǔ, 유인하여 체포하다) 野猫用的网(wǎng, 그물)

순서 ▶ _____

서술하기 연습

02 我被老师批评了一顿。

나는 선생님께 한바탕 야단맞았다.

기본 회화 단어

- 比赛 bǐsài • 명 동 시합(하다)
- 结果 jiéguǒ • 명 결과
- 猜 cāi • 동 추측하다. 알아맞히다
- 对方 duìfāng • 명 상대방
- 被 bèi • 전 …당하다(피동을 나타냄)
- 打败 dǎbài • 동 패전하다. 지다
- 篮球赛 lánqiúsài • 명 농구시합
- 辽宁队 Liáoníngduì • 명 요녕팀
- 对手 duìshǒu • 명 상대
- 跆拳道 táiquándào • 명 태권도

실전 회화 단어 ①

- 愁眉苦脸 chóu méi kǔ liǎn • 성 우거지상
- 批评 pīpíng • 동 꾸짖다. 비평하다
- 顿 dùn • 양 번. 차례. 끼니
- 不至于 búzhìyú • …에 이르지 못하다
- 开心 kāixīn • 형 유쾌하다. 즐겁다
- 罚站 fázhàn • 벌로 서 있게 하다
- 要求 yāoqiú • 명 동 요구(하다)
- 严 yán • 형 엄하다
- 过分 guòfèn • 동 (말이나 행동이) 지나치다
- 动不动 dòng bu dòng • 부 걸핏하면
- 小题大做 xiǎo tí dà zuò • 성 사소한 일을 떠들썩하게 굴다

宁愿 nìngyuàn • 부 차라리 (…지언정), 오히려 (…하고 싶다)
- 教育方式 jiàoyù fāngshì • 교육 방식
- 适应 shìyìng • 동 적응하다
- 那倒是 nà dào shì • 그렇기는 하다

실전 회화 단어 ②

- 教练 jiàoliàn • 명 코치
- 练习 liànxí • 명 동 연습(하다)
- 没底 méi dǐ • 자신이 없다
- 心理因素 xīnlǐ yīnsù • 심리 요소
- 占 zhàn • 동 차지하다
- 比重 bǐzhòng • 명 비중
- 怯场 qièchǎng • 동 당황하고 주눅들다
- 尽 jìn • 동 다하다
- 上场 shàngchǎng • 동 (선수 따위가) 출장하다
- 发慌 fāhuāng • 동 당황해 하다
- 有信心 yǒu xìnxīn • 자신감이 있다
- 加强 jiāqiáng • 동 강화하다
- 训练 xùnliàn • 동 훈련(하다)
- 体质 tǐzhì • 명 체질
- 补充 bǔchōng • 동 보충하다
- 营养 yíngyǎng • 명 영양
- 赢 yíng • 동 이기다
- 冠军 guànjūn • 명 우승

기본 회화

Ⓐ 星期天 的 足球 比赛 结果 怎么样 了?
Xīngqītiān de zúqiú bǐsài jiéguǒ zěnmeyàng le?

Ⓑ 你 猜 呢?
Nǐ cāi ne?

Ⓐ 对方 被 你们 打败 了, 是 不 是?
Duìfāng bèi nǐmen dǎbài le, shì bu shì?

Ⓑ 是 的。
Shì de.

회화 연습

篮球赛 —— 辽宁队 被 你们 打败 了
lánqiúsài   Liáoníngduì bèi nǐmen dǎbài le

跆拳道 大赛 —— 对手 被 你 打败 了
táiquándào dàsài   duìshǒu bèi nǐ dǎbài le

Ⓐ : 你怎么了? 愁眉苦脸的。

Ⓑ : 我被老师批评了一顿。

Ⓐ : 因为什么啊?

Ⓑ : 因为我今天迟到了十分钟。

Ⓐ : 就因为这点小事不至于这么不开心吧?

Ⓑ : 你可不知道, 就因为这点小事我被老师罚站了一个小时呢。

Ⓐ : 看样子你们老师对你们要求很严啊!

Ⓑ : 不是要求严, 是有点儿太过分了。

Ⓐ : 我们老师动不动就找家长。

Ⓑ : 老师就喜欢小题大做。

Ⓐ : 这样你下次才不会迟到啊。

Ⓑ : 我宁愿他换一种教育方式。

Ⓐ : 现在你是学生, 所以你只能适应老师的教育方式。

Ⓑ : 那倒是。

실전 회화 ❷

A : 教练，今天是星期天，你怎么来体育馆了？

B : 随便看看，下个月的网球比赛准备得怎么样了？

A : 每天都在练习，不过心里总觉得没底。

B : 其实比赛的时候，心理因素占很大的比重。

A : 可我总是怯场。

B : 你要尽你最大的努力。

A : 我一上场心里就发慌。

B : 你要对自己有信心。

A : 教练，您觉得现在我应该加强哪方面的训练？

B : 你应该加强体质方面的训练。

A : 噢，明白了。

B : 另外还要补充营养。

A : 最近我正在吃补药。

B : 那就更没问题了，放心吧，你一定会赢的。

A : 这次我一定要拿冠军。

B : 你一定会拿冠军的，我相信你。

중국 문화 이해하기

❶ 中国最大的城市是:

    ⓐ 上海   ⓑ 北京   ⓒ 广州   ⓓ 重庆

❷ 6月1日是中国的什么节日?

    ⓐ 儿童节   ⓑ 重阳节   ⓒ 中秋节   ⓓ 建军节

❸ 中韩两国是哪年建交的?

    ⓐ 1989年   ⓑ 1990年   ⓒ 1992年   ⓓ 1994年

❹ 中国的首都是:

    ⓐ 上海   ⓑ 北京   ⓒ 天津   ⓓ 重庆

❺ 中国最长的江是:

    ⓐ 扬子江   ⓑ 长江   ⓒ 黄河   ⓓ 珠江

❻ 在中国, 过生日的时候吃什么?

    ⓐ 饺子   ⓑ 面条   ⓒ 馒头   ⓓ 包子

❼ 韩国临时政府在:

    ⓐ 北京   ⓑ 首尔   ⓒ 上海   ⓓ 吉林

중국 문화 이해하기 단어

城市 chéngshì • 도시	首都 shǒudū • 수도
节日 jiérì • 명절	江 jiāng • 강
两国 liǎng guó • 양국	临时政府 línshí zhèngfǔ • 임시 정부
建交 jiànjiāo • 외교 관계를 맺다	

 **피동문**

정의 : 주어가 동작의 대상이 되어 피동을 나타내는 문장을 피동문이라고 한다. 피동문의 술어동사는 일반적으로 다른 문장 성분을 갖게 되어 동작의 결과·정도·시간 등을 설명하는데, 안 좋은 상태에서 좋은 상태로 전환하거나 뜻대로 되지 않는다는 의미를 내포하고 있다. 피동문은 전치사 '被·让·叫'를 써서 동작의 주체를 이끌어 낸다.

(동작의 대상)　　　　　　(동작의 주체)　　　　　　　　(동작의 결과·정도)

(1) **주어 + 被/让/叫 + 목적어 + (给) + 동사 + 기타성분**

　　他被我打败了。　그는 나에게 패배를 당했다.
　　我被老师批评了一顿。　나는 선생님께 한바탕 야단맞았다.
　　我的词典被小王借走了。　나의 사전은 샤오왕이 빌려 갔다.

(2) **부정형** : 부정 부사는 '被·让·叫' 앞에 와야 한다.

　　我还没被发现。　아직 나를 발견하지 못했다.
　　我的建议没被采纳。　나의 건의가 채택되지 않았다.

(3) 피동문에서 가장 많이 쓰이는 전치사는 '被'이고, '让'와 '叫'는 회화에서 주로 쓰인다. 피동의 어감은 '被'가 가장 강하고, 그 다음이 '让'와 '叫'이다. 그러나 동작의 주체를 설명할 필요가 없을 경우에, '被'는 바로 동사 앞에 놓일 수 있지만 '让'와 '叫'는 그럴 수 없다.

　　我的病被治好了。　나의 병은 완치되었다.
　　他被入取了。　그는 입학 허가를 받았다.

2 **"跟得上去"의 용법**

'跟得(不)上去'는 '따라 잡을 수 있다(없다)'라는 뜻을 나타낸다.

　　营养也要跟得上去。　영양도 뒷받침을 해줘야 합니다.
　　你走得太快了，我跟不上去。
　　당신이 너무 빨리 걸어서 내가 따라갈 수 없어요.

cáipàn

裁判

심판

jiàoliàn

教练

코치

duìzhǎng

队长

주장. 대장

shìjièbēi zúqiúsài

世界杯足球赛

월드컵

yàyùnhuì

亚运会

아시안게임

àoyùnhuì

奥运会

올림픽

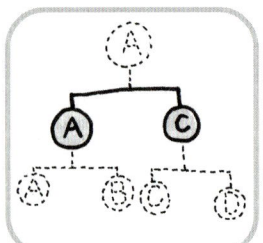

juésài

决赛

결승전

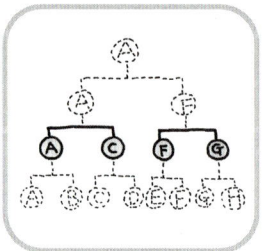

bànjuésài

半决赛

준결승전

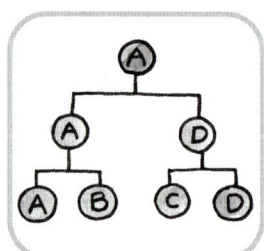

táotàisài

淘汰赛

토너먼트

✻ 어휘 플러스

❶ 比赛 : _____비중, _____비교적, _____비유, _____비례
bǐsài

▶▶▶
- ⓐ 比较 bǐjiào
- ⓑ 比重 bǐzhòng
- ⓒ 比例 bǐlì
- ⓓ 比喻 bǐyù

❷ 初中 : _____초급, _____첫사랑, _____초여름, _____초고
chūzhōng

▶▶▶
- ⓐ 初稿 chūgǎo
- ⓑ 初级 chūjí
- ⓒ 初恋 chūliàn
- ⓓ 初夏 chūxià

❸ 体育 : _____체력, _____체중, _____체질, _____체형
tǐyù

▶▶▶
- ⓐ 体重 tǐzhòng
- ⓑ 体力 tǐlì
- ⓒ 体质 tǐzhì
- ⓓ 体形 tǐxíng

❹ 素质 : _____야채 요리, _____소양, _____소재, _____스케치
sùzhì

▶▶▶
- ⓐ 素菜 sùcài
- ⓑ 素材 sùcái
- ⓒ 素养 sùyǎng
- ⓓ 素描 sùmiáo

❺ 补充 : _____보상하다, _____보충 수업을 하다, _____보양하다, _____보약
bǔchōng

▶▶▶
- ⓐ 补课 bǔkè
- ⓑ 补药 bǔyào
- ⓒ 补偿 bǔcháng
- ⓓ 补养 bǔyǎng

어휘력 테스트

⊛ 다른 색으로 표기되어 있는 단어와 가장 비슷한 뜻을 가진 단어를 보기 중에서 골라보세요.

❶ 我被老师批评了一顿。

    ⓐ 骂   ⓑ 批判   ⓒ 说   ⓓ 打

❷ 就因为这点小事不至于这么不开心吧？

    ⓐ 至于这么不开心吧？   ⓑ 至于这么不开心吗？   ⓒ 不开心

❸ 每个人都有每个人的说话习惯，总不能强求吧？

    ⓐ 勉强   ⓑ 强人所难   ⓒ 要求   ⓓ 强调

❹ 每天都在练习，不过心里总觉得没底儿。

    ⓐ 一直   ⓑ 经常   ⓒ 总是   ⓓ 常常

❺ 你要尽你最大的努力，并且要坚信你是最棒的。

    ⓐ 美   ⓑ 第一   ⓒ 漂亮   ⓓ 优秀

❻ 我一上场脑子里就空空的，心里还发慌。

    ⓐ 又   ⓑ 再   ⓒ 还是   ⓓ 是

❼ 这次我一定要拿冠军。

    ⓐ 收到   ⓑ 收获   ⓒ 拿来   ⓓ 得

서술하기 연습

噴漆枪 pēnqiqiāng 페인트 분무기

搧耳光 shān ěrguāng 귀싸대기를 때리다

03 去美国留学要花很多钱。

미국에 유학 가려면 돈이 많이 필요할 겁니다.

:: 기본 회화 단어

- 留学 liúxué · 명 동 유학(하다)
- 花钱 huāqián · 동 돈을 쓰다
- 一边…一边… yìbiān…yìbiān… · 접 …하면서 …하다
- 打工 dǎgōng · 동 아르바이트를 하다
- 念书 niànshū · 동 공부하다
- 攒钱 zǎnqián · 동 돈을 모으다
- 研究生 yánjiūshēng · 명 대학원생. 연구생
- 申请 shēnqǐng · 명 동 신청(하다)
- 奖学金 jiǎngxuéjīn · 명 장학금
- 律师 lǜshī · 명 변호사
- 拿钱 ná qián · 동 비용 따위를 부담하다

:: 실전 회화 단어 ①

- 看待 kàndài · 동 다루다. 취급하다
- 条件 tiáojiàn · 명 여건
- 允许 yǔnxǔ · 동 허가하다. 윤허하다
- 赞成 zànchéng · 동 찬성하다
- 不良影响 bù liáng yǐngxiǎng · 좋지 않은 영향
- 语言学家 yǔyán xuéjiā · 명 언어 학자
- 段 duàn · 양 사물이나 시간 따위의 한 구분을 나타냄
- 上 shàng · 동 (학교에) 다니다
- 高一 gāoyī · 명 고등학교 일학년

:: 실전 회화 단어 ②

- 全家人 quánjiārén · 온 집안 식구
- 孤单 gūdān · 형 외롭다. 고독하다
- 离开 líkāi · 동 떠나다. 헤어지다
- 生活 shēnghuó · 명 동 생활(하다)
- 受 shòu · 동 견디다
- 受不了 shòu bu liǎo · 견딜 수 없다
- 佩服 pèifu · 동 탄복하다. 감탄하다
- 伟大 wěidà · 형 위대하다

- 住宿 zhùsù · 동 숙박하다
- 同屋 tóngwū · 명 룸메이트
- 烦 fán · 형 귀찮다. 번거롭다
- 生活习惯 shēnghuó xíguàn · 생활 습관
- 完全 wánquán · 형 완전히
- 怎么个相反法 zěnme ge xiāngfǎn fǎ · 어떻게 상반되는가
- 打呼噜 dǎ hūlu · 동 코를 골다
- 将就着点儿 jiāngjiu zhe diǎnr · 아쉬운 대로 참고 견디세요
- 解决 jiějué · 동 해결하다
- 改不了 gǎi bu liǎo · 고칠 수 없다
- 一两天 yì liǎng tiān · 하루 이틀
- 总是 zǒngshì · 부 결국
- 做手术 zuò shǒushù · 동 수술을 하다
- 治 zhì · 동 치료하다

기본 회화

Ⓐ 毕业 以后 你 打算 干 什么?
   Bìyè yǐhòu nǐ dǎsuan gàn shénme?

Ⓑ 我 打算 去 美国 留学。
   Wǒ dǎsuan qù Měiguó liúxué.

Ⓐ 那 要 花 很 多 钱。
   Nà yào huā hěn duō qián.

Ⓑ 我 可以 一边 打工 一边 念书, 另外 我 还 攒 了 点儿 钱。
   Wǒ kěyǐ yìbiān dǎgōng yìbiān niànshū, lìngwài wǒ hái zǎn le diǎnr qián.

회화 연습

念 研究生 —— 我 可以 申请 奖学金
niàn yánjiūshēng   wǒ kěyǐ shēnqǐng jiǎngxuéjīn

考 律师 —— 我 父母 说 他们 给 我 拿 钱
kǎo lùshī   wǒ fùmǔ shuō tāmen gěi wǒ ná qián

Ⓐ : 现在去外国留学的人越来越多。

Ⓑ : 是啊，我有个好朋友，他的两个孩子都在外国留学。

Ⓐ : 你怎么看待留学这一问题？

Ⓑ : 如果条件允许的话，我非常赞成去外国留学。

Ⓐ : 我觉得太早留学对孩子的心理健康会有不良影响。

Ⓑ : 不过语言学家说学习外语的最好年龄段是12岁到16岁。

Ⓐ : 那你打算送你的孩子去外国留学吗？

Ⓑ : 我打算等孩子上高一的时候，送他们去加拿大留学。

Ⓐ : 孩子们自己去还是你们全家人一起去？

Ⓑ : 我去不了，我爱人跟孩子们一起去。

Ⓐ : 那你怎么办？一个人太孤单了。

Ⓑ : 哎，没办法啊!

Ⓐ : 离开爱人和孩子让我一个人生活的话，我可受不了。

Ⓑ : 受不了也得受啊!

Ⓐ : 佩服佩服，你比我伟大多了。

Ⓑ : 不是伟大是没办法啊!

실전 회화 ❷

A : 你们学校住宿条件怎么样?

B : 住宿条件还可以,就是我那个同屋啊,烦死人了。

A : 怎么了?

B : 他的生活习惯跟我完全相反。

A : 怎么个相反法?

B : 他喜欢晚睡晚起,我呢,喜欢早睡早起。

A : 你跟他睡一个房间吗?

B : 是的。他每天都睡得很晚,而且还打呼噜。

A : 那你可以换房间啊。

B : 跟谁换?谁愿意跟打呼噜的人住一个房间啊。

A : 都是同学,你就将就着点儿吧。

B : 如果是一两天我可以将就,你要知道是四年啊,我可受不了。

A : 那跟他好好儿谈谈,也许会有解决的办法。

B : 我跟他谈过了,他说他也很想改,但总是改不了。

A : 我听说打呼噜是一种病,如果做手术的话,也许能治好。

B : 是吗?那我跟他说说看。

문법 해설

1 "一边……一边……"의 용법

'一边……一边……'은 '한편으로는 …하면서 …하다' 라는 뜻으로 두 가지 이상의 동작이 동시에 이루어짐을 나타내며, '一边 + 동사 + 一边 + 동사'의 형식으로 쓰인다.

他一边看电视, 一边吃饭。 그는 TV를 보면서 밥을 먹는다.
我一边打工, 一边念研究生。 나는 아르바이트를 하면서 대학원 공부를 한다.

2 "又……又……"의 용법

'又……又……'는 몇 가지 동작·상태·상황이 동시에 존재·발생함을 나타낸다.

(1) 뒤의 몇 항에 '又'를 쓰는 경우

那天是三伏的第一天, 又是中午, 又没有风, 不动也会出汗。
그날은 삼복의 첫 번째 날이었고, 정오인데다 바람도 없었기에 움직이지 않아도 땀이 났다.

(2) 매 항마다 '又'를 쓰는 경우

我又想学游泳又想学跳舞。 나는 수영도 배우고 싶고 춤도 배우고 싶다.
孩子们又是害怕, 又是喜欢。 아이들은 무서워하면서도 좋아했다.

(3) 又 + 형용사 + 又 + 형용사

苹果又大又甜。 사과가 크고 달다.
这里的东西又便宜又好。 이곳의 물건은 싸고 좋다.

3 "越来越……"의 용법

(1) '越来越 + 형용사(喜欢·爱 등의 심리 동사)'는 '점점…하다' 라는 뜻.

天气越来越冷了。 날씨가 점점 추워진다.
我越来越喜欢她了。 나는 그녀를 점점 더 좋아하게 되었다.

(2) '越 + 동사 + 越 + 형용사'는 '…할수록 …하다' 라는 뜻.

日语越学越难。 일본어는 배울수록 어렵다.
越吃越胖。 먹을수록 살찐다.

diǎnmíng
点名
출석을 부르다

kāi xuéshù yántǎohuì
开 学术 研讨会
학술회의를 열다

fābiǎo lùnwén
发表 论文
논문을 발표하다

cānjiā shètuán huódòng
参加 社团 活动
서클활동에 참가하다

yánjiǎng bǐsài
演讲 比赛
강연 대회

qīmò kǎoshì
期末 考试
기말 고사

어휘 플러스

❶ 打工 : _____구기운동을 하다, _____우산을 쓰다, _____택시를 타다, _____사람을
dǎgōng   때리다

▶▶▶
ⓐ 打车　　　ⓑ 打球　　　ⓒ 打伞　　　ⓓ 打人
dǎchē　　　 dǎqiú　　　 dǎsǎn　　　 dǎrén

❷ 攒钱 : _____돈을 쓰다, _____돈을 벌다, _____돈을 인출하다, _____돈을 저금하다
zǎnqián

▶▶▶
ⓐ 挣钱　　　ⓑ 花钱　　　ⓒ 存钱　　　ⓓ 取钱
zhèngqián　 huāqián　　 cúnqián　　 qǔqián

❸ 律师 : _____의사, _____교사, _____회계사, _____요리사
lùshī

▶▶▶
ⓐ 教师　　　ⓑ 医师　　　ⓒ 厨师　　　ⓓ 会计师
jiàoshī　　　 yīshī　　　 chúshī　　　 kuàijìshī

❹ 工作证 : _____학생증, _____졸업증, _____신분증, _____출입증
gōngzuòzhèng

▶▶▶
ⓐ 身份证　　　　ⓑ 学生证　　　　ⓒ 出入证　　　　ⓓ 毕业证
shēnfènzhèng　 xuéshēngzhèng　 chūrùzhèng　　 bìyèzhèng

❺ 健康 : _____건전하다, _____건장하다, _____헬스컬럽, _____건강미
jiànkāng

▶▶▶
ⓐ 健壮　　　ⓑ 健全　　　ⓒ 健美　　　ⓓ 健身房
jiànzhuàng　 jiànquán　　 jiànměi　　 jiànshēnfáng

39

어휘력 테스트

❋ 적절한 단어를 골라 빈칸을 채워보세요.

❶ 去美国留学_____花很多钱。

   ⓐ 得   ⓑ 要   ⓒ 应该   ⓓ 必须

❷ 如果条件_____的话，我非常赞成去外国留学。

   ⓐ 好   ⓑ 差   ⓒ 允许   ⓓ 高

❸ 我觉得太早留学对孩子的心理_____会有不良影响。

   ⓐ 健康   ⓑ 因   ⓒ 成长   ⓓ 状态

❹ _____爱人和孩子让我一个人生活的话，我可受不了。

   ⓐ 分开   ⓑ 离开   ⓒ 分手   ⓓ 走开

❺ 出门在外都不容易，你就_____吧。

   ⓐ 让步   ⓑ 忍耐   ⓒ 忍   ⓓ 将就着点儿

❻ 那跟他_____谈谈，也许会有解决的办法。

   ⓐ 好   ⓑ 好好   ⓒ 详细   ⓓ 认真

❼ 我听说打呼噜是一种病，如果做手术的话，可以_____。

   ⓐ 治疗   ⓑ 治病   ⓒ 治好   ⓓ 能治

 **서술하기 연습**

踹 chuài (발로) 걸어차다

 **04** 谢谢你来机场接我。
공항에 마중 나와 주셔서 감사합니다.

기본 회화 단어

- 飞机票 fēijīpiào · 명 비행기표
- 靠 kào · 통 기대다. 닿다
- 过道 guòdào · 명 통로
- 靠窗的座位 kào chuāng de zuòwèi · 명 창측의 좌석
- 火车票 huǒchēpiào · 명 기차표
- 无烟车厢 wúyān chēxiāng · 명 (기차의) 금연석
- 吸烟车厢 xīyān chēxiāng · 명 (기차의) 흡연석
- 电影票 diànyǐngpiào · 명 영화표
- 靠前的座位 kào qián de zuòwèi · 명 앞쪽의 좌석
- 靠后的座位 kào hòu de zuòwèi · 명 뒤쪽의 좌석

실전 회화 단어 ①

- 乐美 Lèměi · 명 러메이(회사이름)
- 晨光 Chénguāng · 명 천꾸앙(회사이름)
- 王大伟 Wángdàwěi · 명 왕다웨이(인명)
- 欢迎 huānyíng · 통 환영하다
- 到 + 장소 + 来 dào…lái · …로 오다
- 接 jiē · 통 마중하다
- 应该的 yīnggāi de · 당연한 것이다
- 安排 ānpái · 통 안배하다. 마련하다

- 吃顿饭 chī dun fàn · 밥 한 끼 먹다
- 客户 kèhù · 명 거래처 손님
- 老客户 lǎo kèhù · 명 오래된 거래처 손님
- 恭敬不如从命 gōngjìng bù rú cóng mìng · 성 분부에 따르는 편이 좋다
- 恐怕 kǒngpà · 부 (나쁜결과를 예상해서) 아마 …일 것이다.

실전 회화 단어 ②

- 五星级 wǔ xīng jí · (호텔의) 5성급
- 川菜 Chuāncài · 명 사천 요리
- 合…的口味儿 hé…de kǒuwèir · …의 입맛에 맞다
- 古北 Gǔběi · 명 구베이(지명)
- 打听 dǎting · 통 알아보다. 물어보다
- 回程 huíchéng · 명 돌아가는 길. 귀로
- 机票 jīpiào · 명 비행기표
- 除了…以外 chúle…yǐwài · …을 제외하고
- 经济舱 jīngjìcāng · 명 이코노미 석
- 商务舱 shāngwùcāng · 명 비즈니스 석
- 老总 lǎozǒng · 명 사장. 총 지배인
- 吩咐 fēnfu · 통 분부하다. (말로) 시키다
- 交给 + 人 jiāogěi + rén · 1. …에게 …을 맡기다 2. …에게 …을 바치다
- 满意 mǎnyì · 형 만족하다

기본 회화

Ⓐ 我 买 两 张 去 釜山 的 飞机票。
Wǒ mǎi liǎng zhāng qù Fǔshān de fēijīpiào.

Ⓑ 你 要 靠 窗 的 座位 还是 靠 过道 的 座位？
Nǐ yào kào chuāng de zuòwèi háishi kào guòdào de zuòwèi?

Ⓐ 我 要 靠 窗 的 座位。
Wǒ yào kào chuāng de zuòwèi.

Ⓑ 好 的。
Hǎo de.

회화 연습

去 北京 的 火车票 —— 无烟车厢 —— 吸烟 车厢
qù Běijīng de huǒchēpiào　wúyānchēxiāng　xīyān chēxiāng

八 点 的 电影票 —— 靠 前 的 座位 —— 靠 后 的 座位
bā diǎn de diànyǐngpiào　kào qián de zuòwèi　kào hòu de zuòwèi

Ⓐ：你好！您是乐美的张先生吧？

Ⓑ：对，您是……

Ⓐ：我是晨光的王大伟，欢迎您到韩国来。

Ⓑ：谢谢你到机场来接我。

Ⓐ：应该的，我先送您去饭店，好吗？

Ⓑ：好的。

Ⓐ：您今天晚上有什么安排吗？

Ⓑ：没有。

Ⓐ：我们经理想请您吃顿饭。

Ⓑ：都是老客户了，不用那么客气。

Ⓐ：我们经理说了这次一定要请您吃饭。

Ⓑ：那好吧，恭敬不如从命。

Ⓐ：晚上六点我去饭店接您。

Ⓑ：六点恐怕不行，七点可不可以？

Ⓐ：可以，那晚上七点见。

실전 회화 ②

A : 小王，韩国客户住的地方都安排好了吗？

B : 已经安排好了。

A : 几星级的？

B : 五星级的，而且离我们公司很近。

A : 好的，那住的问题已经解决了，吃的怎么办呢？

B : 韩国人喜欢吃辣的，我想川菜会合韩国人的口味儿。

A : 这附近有没有韩国饭店？

B : 这附近好像没有，听说古北挺多的。

A : 那儿离我们公司太远，你再打听一下附近有没有。另外，你再帮韩国客人预定一下回程机票。

B : 要经济舱还是商务舱？

A : 除了老总以外都要经济舱。

B : 您还有别的吩咐吗？

A : 没有了，这几天韩国客人就交给你了。

B : 您就放心吧，我一定会让他们满意的。

수식구

정의 : 수식과 피수식, 제한과 피제한의 관계로 이루어진 구를 수식구라고 한다.

(1) 수식어가 단음절 형용사인 경우 '的'를 쓰지 않는다.

단음절 형용사 + 명사

男厕所 남자 화장실, 女装 숙녀복, 大房间 큰 방, 高分 높은 점수

(2) 수식어가 쌍음절 형용사인 경우 '的'를 써야 한다.

쌍음절 형용사 + 的 + 명사

美丽的花 예쁜 꽃, 温柔的性格 온순한 성격, 干燥的天气 건조한 날씨

(3) 수식어가 고유명사인 경우 '的'를 쓰지 않는다.

고유명사 + 명사

汉语老师 중국어 선생님, 上海火车站 상해 기차역, 北京人 북경 사람

(4) 수식어가 많을 경우 '的'는 마지막에 위치한다.

인칭대사 + 사람 + 的 + 단음절 형용사 + 명사

我妈妈的好朋友 우리 엄마의 친한 친구

(5) 동사나 동목구도 수식어가 될 수 있다.

동사1 + 동사2 + 的 + 명사

喜欢看的书 보기 좋아하는 책, 去旅游的人 여행하러 가는 사람

(6) 수사와 양사는 가장 앞에 위치한다.

수사 + 양사 + 기타 + 的 + 단음절 형용사 + 명사

一件非常漂亮的红毛衣 아주 예쁜 빨간 스웨터 하나
一个非常可爱的小女孩儿 아주 귀여운 어린 여자 아이 한 명
一张去北京的火车票 북경 가는 기차표 한 장

그림으로 배우는 중국어

qù jīchǎng jiē rén

去 机场 接 人

공항에 가서 사람을 마중하다

sòng háizi qù yòu'éryuán

送 孩子 去 幼儿园

아이를 유치원에 데려다주다

qǐng dàjiā chīfàn

请 大家 吃饭

여러분에게 식사초대를 하다

jiāo wǒ dǎ pīngpāngqiú

教 我 打 乒乓球

나에게 탁구를 가르치다

wèn lǎoshī yí ge wèntí

问 老师 一 个 问题

선생님에게 질문하다

gěi māma mǎi lǐwù

给 妈妈 买 礼物

어머님에게 선물을 사드리다

어휘 플러스

❶ 安排 : _____안전하다, _____안심하다, _____안정되다, _____안일하다
ānpái

▶▶▶
- ⓐ 安定 āndìng
- ⓑ 安全 ānquán
- ⓒ 安心 ānxīn
- ⓓ 安逸 ānyì

❷ 客户 : _____객관적이다, _____객실, _____손님, _____객사하다
kèhù

▶▶▶
- ⓐ 客观 kèguān
- ⓑ 客人 kèrén
- ⓒ 客房 kèfáng
- ⓓ 客死 kèsǐ

❸ 选择 : _____수강 신청을 하다, _____선거하다, _____선거인, _____선발하다
xuǎnzé

▶▶▶
- ⓐ 选拔 xuǎnbá
- ⓑ 选举 xuǎnjǔ
- ⓒ 选课 xuǎnkè
- ⓓ 选民 xuǎnmín

❹ 机会 : _____기구, _____기밀, _____기계, _____기관
jīhuì

▶▶▶
- ⓐ 机器 jīqì
- ⓑ 机构 jīgòu
- ⓒ 机关 jīguān
- ⓓ 机密 jīmì

❺ 保障 : _____보관하다, _____보양하다, _____보류하다, _____보험
bǎozhàng

▶▶▶
- ⓐ 保养 bǎoyǎng
- ⓑ 保管 bǎoguǎn
- ⓒ 保险 bǎoxiǎn
- ⓓ 保留 bǎoliú

말하기 연습

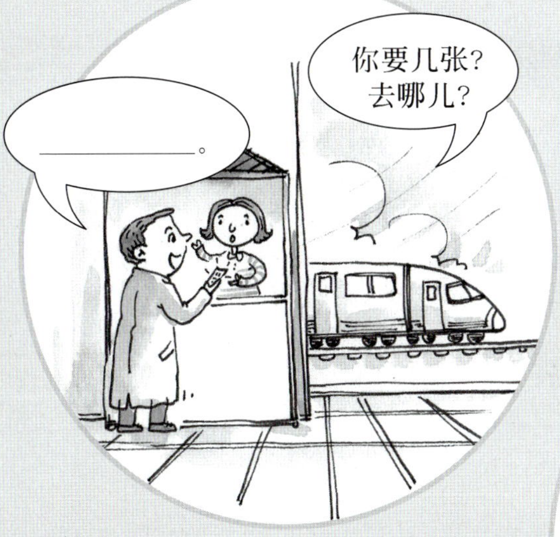

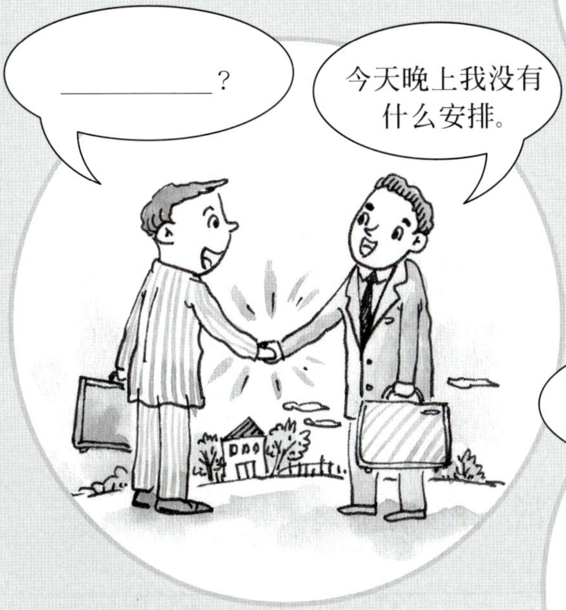

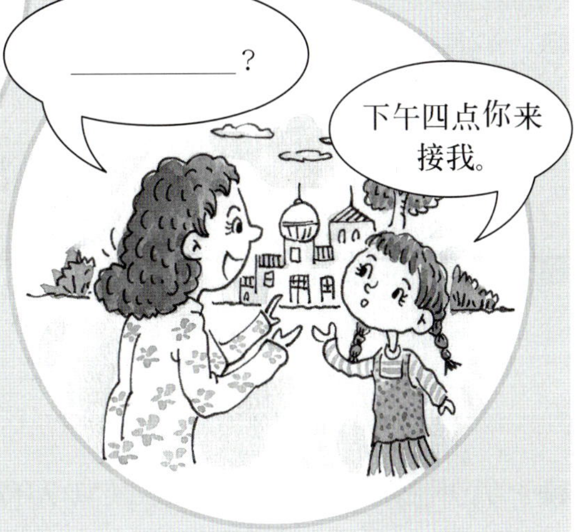

어휘력 테스트

⊛ 적절한 단어를 골라 빈칸을 채워보세요.

❶ 谢谢你_____机场来接我。

    ⓐ 到着   ⓑ 到达   ⓒ 倒   ⓓ 到

❷ 您今天晚上有_____安排吗?

    ⓐ 什么   ⓑ 没有   ⓒ 任何   ⓓ 别

❸ 韩国客户住的地方都_____好了吗?

    ⓐ 安排   ⓑ 预定   ⓒ 预约   ⓓ 安顿

❹ 我们经理想_____你吃顿饭。

    ⓐ 为   ⓑ 请   ⓒ 一起   ⓓ 让

❺ 韩国人喜欢吃辣的,我想川菜会合韩国人的_____。

    ⓐ 合适   ⓑ 饮食习惯   ⓒ 胃口   ⓓ 口味儿

❻ 那儿离我们公司太远,你再_____一下附近有没有韩国饭店。

    ⓐ 了解   ⓑ 问   ⓒ 打听   ⓓ 找

❼ 另外,你再_____韩国客人预定一下回程机票。

    ⓐ 代替   ⓑ 帮忙   ⓒ 帮   ⓓ 为了

서술하기 연습

爬上去 pá shangqu 기어오르다

05 生活设施很齐全。
생활 시설이 잘 완비되었습니다.

기본 회화 단어

- □ 房租 fángzū • 명 집세
- □ 费 fèi • 명 비용. 요금
- □ 中介费 zhōngjièfèi • 명 중개 수수료
- □ 物业管理费 wùyè guǎnlǐfèi • 명 아파트 관리비
- □ 停车费 tíngchēfèi • 명 주차 요금
- □ 电费 diànfèi • 명 전기 요금

실전 회화 단어 ①

- □ 租 zū • 동 빌리다. 임대하다
- □ 套 tào • 양 집을 셀 때 쓰는 양사
- □ 房子 fángzi • 명 집. 건물
- □ 三室两厅两卫 sān shì liǎng tīng liǎng wèi • 방 3개, 거실 하나, 주방 하나, 욕실이 2개인 집
- □ 交通 jiāotōng • 명 교통
- □ 周围 zhōuwéi • 명 주위
- □ 环境 huánjìng • 명 환경
- □ 设施 shèshī • 명 시설
- □ 齐全 qíquán • 동 완비하다
- □ 价位 jiàwèi • 명 가격대
- □ 价钱 jiàqian • 명 가격
- □ 价钱么 jiàiqian me • 가격은요
- □ 左右 zuǒyòu • 명 가량. 안팎
- □ 位置 wèizhi • 명 위치
- □ 国际 guójì • 명 국제

시 중심 / 실전 회화 단어 ②

- □ 市中心 shì zhōngxīn • 시 중심
- □ 续约 xùyuē • 명 동 재계약(하다)
- □ 空房 kòngfáng • 명 빈방
- □ 打车 dǎchē • 동 택시를 타다
- □ 带路 dàilù • 동 길 안내하다

실전 회화 단어 ②

- □ 年轻 niánqīng • 형 젊다
- □ 了不起 liǎo bu qǐ • 형 뛰어나다. 대단하다
- □ 分期付款 fēn qī fù kuǎn • 할부(하다)
- □ 工资 gōngzī • 명 월급
- □ 还贷 huándài • 동 대출을 갚다
- □ 苦 kǔ • 형 1. 고통스럽다 2. 쓰다
- □ 总 zǒng • 부 어쨌든. 아무튼
- □ 划算 huásuàn • 동 수지가 맞다. 채산이 서다
- □ 没准儿 méizhǔnr • 부 아마도
- □ 资金 zījīn • 명 자금
- □ 紧张 jǐnzhāng • 형 (물자가) 부족하다
- □ 股票 gǔpiào • 명 주식. 증권
- □ 小点儿声 xiǎo diǎnr shēng • 소리를 좀 낮추세요
- □ 惨 cǎn • 형 참담하다. 처참하다
- □ 赔 péi • 동 손해를 보다. 밑지다
- □ 本儿 běnr • 명 원금
- □ 绩优股 jìyōugǔ • 명 우량주
- □ 赔不了 péi bu liǎo • 밑질 수 없다

기본 회화

Ⓐ 在 韩国 一 个 月 的 房租 一般 是 多少?
Zài Hánguó yí ge yuè de fángzū yìbān shì duōshao?

Ⓑ _____。

Ⓐ 中介费 呢?
Zhōngjièfèi ne?

Ⓑ _____。

회화 연습

 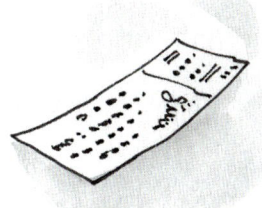

物业管理费 —— 停车
wùyèguǎnlǐfèi　　tíngchē

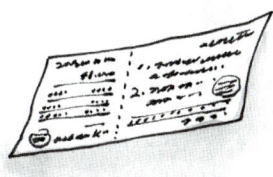 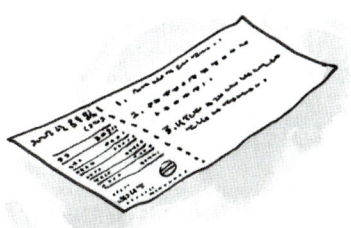

电费 —— 电话
diànfèi　　diànhuà

실전 회화 ❶

Ⓐ : 我想租一套房子。

Ⓑ : 你想租什么样的房子?

Ⓐ : 我想租三室两厅两卫的, 最好是交通方便, 周围环境好, 生活设施齐全。

Ⓑ : 房子倒是有, 不知道你想租什么价位的。

Ⓐ : 价钱么, 一千美元左右的就可以了。

Ⓑ : 位置呢?

Ⓐ : 最好离国际学校和市中心近一点儿。

Ⓑ : 您要租多长时间?

Ⓐ : 我大概要在上海工作三年, 所以我想先租一年, 然后再一年一年续约。

Ⓑ : 噢, 现在正好有一个空房, 如果您想去看的话, 我可以陪您去。

Ⓐ : 在什么地方? 离这儿远不远?

Ⓑ : 离这儿不太远, 打车大概10分钟左右。

Ⓐ : 我的车在外边, 就开我的车去吧。

Ⓑ : 好吧, 那您开车, 我带路。

실전 회화 ❷

Ⓐ : 你现在住的房子是租的还是买的？

Ⓑ : 买的。

Ⓐ : 这么年轻就有自己的房子了，你可真了不起啊！

Ⓑ : 哪儿的话，是分期付款买的。

Ⓐ : 现在谁买房子不是分期付款啊？

Ⓑ : 哎，每个月的工资有一半都要还贷，苦死了。

Ⓐ : 买房子总比租房子划算啊。

Ⓑ : 那倒是，你怎么不买一套啊？

Ⓐ : 我打算明年买。

Ⓑ : 我劝你呀，还是早点儿买，没准儿明年房价会涨呢。

Ⓐ : 前两天我买了点儿股票，所以资金有点儿紧张。

Ⓑ : 你还玩儿股票啊？

Ⓐ : 小点儿声，我老婆知道了我就惨了。

Ⓑ : 你不怕赔本儿啊？

Ⓐ : 我买的都是绩优股，肯定赔不了。

Ⓑ : 那就好。

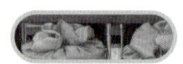 

 "倒是"의 용법

'倒是'는 양보의 의미를 나타낸다. 앞절에 쓰이고, 뒷절에는 '就是, 可是, 但是, 不过' 등이 와서 전환의 어기를 나타낸다.

> 质量倒是不错，就是价钱贵了点儿。
> 품질은 좋은데, 가격이 조금 비싸네요.

> 交通倒是挺方便的，可是太吵了。
> 교통은 편한데, 너무 시끄러워요.

> 我倒是很想去，不过还要看看有没有时间。
> 저는 가 보고 싶은데, 시간이 어떨지 봐야겠군요.

2 어림수

중국어에서 어림수는 다음과 같이 표시한다.

(1) 근접한 두 개의 숫자를 연속해서 쓴다.

> 二十五六岁。 25,6세
> 我们学校大概有四五十位老师。
> 우리 학교에는 대략 4,50명의 선생님이 있다.

(2) 숫자 뒤에 '多'를 붙여서 그 숫자를 초과했음을 표시한다.

> ① '多'가 정수를 나타낼 때에는, 양사 앞에 쓰인다.
> 这个二十多万元。 이것은 20만 원 넘습니다.

> ② '多'가 정수 다음의 소수를 나타낼 때에는, 양사 뒤에 쓰인다.
> 这个西瓜十斤多。 이 수박은 10근이 넘습니다.
> 今天晚上九点多我才能下班。
> 오늘 저녁 9시 넘어야 퇴근할 수 있어.

(3) '左右'는 수량사 뒤에 쓰여 어떤 수량보다 많거나 조금 적음을 나타낸다.

> 四百元左右 400원 정도, 十二点半左右 12시 반쯤
> 三十岁左右 30세 내외, 身高一米八左右 키가 180cm 정도

dǎ pūkè
打 扑克
포커를 하다

xià xiàngqí
下 象棋
장기를 두다

xià wéiqí
下 围棋
바둑을 두다

dìng dīngzi
钉 钉子
못을 박다

ān chuāngliánr
安 窗帘儿
커튼을 달다

xiū nuǎnqì
修 暖气
증기 난방장치를 수리하다

huàn jiājù
换 家具
가구를 바꾸다

gài fángzi
盖 房子
집을 짓다

bān dōngxi
搬 东西
물건을 옮기다

어휘력 테스트

❶ 设施 : _____설계하다, _____설비, _____설치하다, _____설립하다
shèshī

▶▶▶
- ⓐ 设备 shèbèi
- ⓑ 设计 shèjì
- ⓒ 设立 shìlì
- ⓓ 设置 shèzhì

❷ 停车 : _____정지하다, _____휴업하다, _____정체하다, _____정학 처분을 하다
tíngchē

▶▶▶
- ⓐ 停业 tíngyè
- ⓑ 停止 tíngzhǐ
- ⓒ 停学 tíngxué
- ⓓ 停滞 tíngzhì

❸ 交通 : _____교환하다, _____교류하다, _____교제하다, _____교차하다
jiāotōng

▶▶▶
- ⓐ 交流 jiāoliú
- ⓑ 交叉 jiāochā
- ⓒ 交换 jiāohuàn
- ⓓ 交际 jiāojì

❹ 周围 : _____주도면밀하다, _____주변, _____첫돌, _____주간
zhōuwéi

▶▶▶
- ⓐ 周边 zhōubiān
- ⓑ 周到 zhōudào
- ⓒ 周刊 zhōukān
- ⓓ 周岁 zhōusuì

❺ 生活 : _____생산하다, _____생명, _____생태, _____생소하다
shēnghuó

▶▶▶
- ⓐ 生命 shēngmìng
- ⓑ 生产 shēngchǎn
- ⓒ 生疏 shēngshū
- ⓓ 生态 shēngtài

어휘력 테스트

🌐 적절한 단어를 골라 빈칸을 채워보세요.

❶ 所以我想先租一年, 然后再_____续约。

    ⓐ 一年一年   ⓑ 一年一次   ⓒ 一年   ⓓ 每天

❷ 现在正好有一个空房, 如果您想去看的话, 我可以_____您去。

    ⓐ 跟着   ⓑ 陪   ⓒ 陪伴   ⓓ 同伴

❸ 好吧, 那您开车, 我_____路。

    ⓐ 告诉   ⓑ 指导   ⓒ 带   ⓓ 案内

❹ 每个月的工资有一半都要_____, 苦死了。

    ⓐ 还钱   ⓑ 还贷   ⓒ 借钱   ⓓ 挣钱

❺ 我劝你呀, 还是早点儿买, _____明年房价会涨呢。

    ⓐ 好像   ⓑ 大概   ⓒ 可能   ⓓ 没准儿

❻ 前两天我买了点儿股票, 所以资金有点儿_____。

    ⓐ 不够   ⓑ 紧张   ⓒ 少   ⓓ 不多

❼ 我买的都是绩优股, 肯定_____。

    ⓐ 有希望   ⓑ 不可以   ⓒ 不会没问题   ⓓ 赔不了

서술하기 연습

戒指 jièzhi 반지

拉屎 lāshǐ 대변을 보다

61

06 我好不容易才找到你家。
당신의 집을 아주 어렵게 찾았습니다.

기본 회화 단어

- 邮局 yóujú · 몡 우체국
- 一直 yìzhí · 뷔 똑바로. 곧바로
- 十字路口 shízì lùkǒu · 몡 사거리
- 往 wǎng · 젠 …쪽으로. …을 향해
- 右 yòu · 몡 우측. 오른쪽
- 拐 guǎi · 동 방향을 바꾸다
- 往右拐 wǎng yòu guǎi · 오른쪽으로 돌다
- 要 yào · 동 (시간이)필요하다
- 左 zuǒ · 몡 좌측. 왼쪽
- 丁字路口 dīngzì lùkǒu · 몡 삼거리
- 五岔路口 wǔchà lùkǒu · 몡 오거리
- 码头 mǎtóu · 몡 부두

실전 회화 단어 ①

- 好(不)容易 hǎo (bu) róngyi · 뷔 겨우. 가까스로
- 记性 jìxing · 몡 기억력
- 健忘 jiànwàng · 동 잘 잊어버리다
- 好找 hǎozhǎo · 찾기 쉽다
- 胡同儿 hútòngr · 몡 골목
- 提 tí · 동 언급하다. 이야기하다
- 整天 zhěngtiān · 몡 온종일
- 早出晚归 zǎo chū wǎn guī · 솅 아침 일찍 나가서 밤늦게 돌아오다
- 左邻右舍 zuǒ lín yòu shè · 몡 이웃

- 往来 wǎnglái · 동 왕래하다
- 注意 zhùyì · 동 주의하다
- 调成 tiáochéng · …로 조절하다
- 铃声 língshēng · 몡 벨소리
- 振动 zhèndòng · 몡 동 진동(하다)
- 带来 dàilai · 동 가져오다
- 差点儿 chàdiǎnr · 뷔 하마터면
- 出门儿 chūménr · 동 외출하다
- 还好 háihǎo · 다행히(도)
- 想起来了 xiǎng qǐlai le · 생각이 났다

실전 회화 단어 ②

- 走过了 zǒu guò le · 지나쳐 버렸다
- 信号 xìnhào · 몡 신호
- 弱 ruò · 혱 약하다
- 手提包儿 shǒutíbāor · 몡 핸드백
- 不如 bùrú · 동 …만 못하다
- 隧道 suìdào · 몡 터널
- 听说 tīngshuō · 동 듣는 바로는
- 我国 wǒ guó · 우리나라
- 目前 mùqián · 몡 지금. 현재
- 详细 xiángxì · 혱 상세하다. 자세하다
- 直接 zhíjiē · 뷔 직접
- 按 àn · 동 누르다
- 通话 tōnghuà · 동 통화하다
- 键 jiàn · 몡 건반. 키

기본 회화

Ⓐ 请问, 去 邮局 怎么 走?
Qǐngwèn, qù yóujú zěnme zǒu?

Ⓑ 一直 往 前 走, 过 十字 路口 以后 往 右 拐。
Yìzhí wǎng qián zǒu, guò shízì lùkǒu yǐhòu wǎng yòu guǎi.

Ⓐ 离 这儿 远 不 远?
Lí zhèr yuǎn bu yuǎn?

Ⓑ 不 太 远, 开车 只 要 五 分钟。
Bú tài yuǎn, kāichē zhǐ yào wǔ fēnzhōng.

회화 연습

银行 —— 丁字 路口
yínháng dīngzì lùkǒu

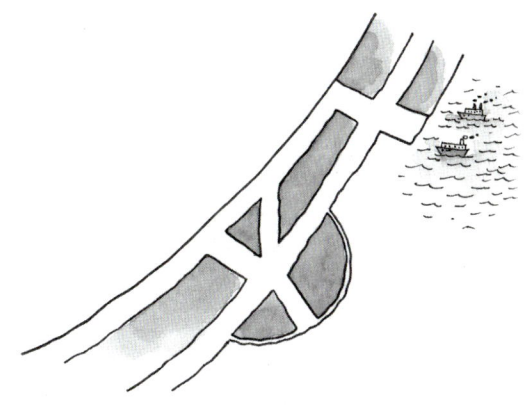

码头 —— 五岔 路口
mǎtóu wǔchà lùkǒu

Ⓐ : 我好不容易才找到你家。

Ⓑ : 你不是来过一次吗？

Ⓐ : 我这个人啊，记性不太好，有点儿健忘。

Ⓑ : 我家是不太好找，这里小胡同特多。

Ⓐ : 我问了很多人，他们都说不知道。

Ⓑ : 你提我他们当然说不知道了，我整天早出晚归的，跟左邻右舍没什么往来。

Ⓐ : 我也提你爱人了。

Ⓑ : 提我爱人也不行，你说地址人家才会知道。

Ⓐ : 我怎么会知道你家的地址啊？

Ⓑ : 我不是把地址发到你的手机上了吗？

Ⓐ : 什么时候发的？我没注意。

Ⓑ : 今天中午发的。

Ⓐ : 噢，我把手机铃声调成振动了。

Ⓑ : 怪不得刚才给你打了两次电话，你都不接。对了，我要的书带来了没有？

Ⓐ : 我差点儿忘了，还好出门儿的时候想起来了。

실전 회화 ❷

A : 我们是不是走过了？

B : 我也来过一次, 好像没这么远。

A : 我开车打电话不方便, 你打电话问一下。

B : 好的, 我的手机信号怎么这么弱呢？

A : 那你就用我的手机打吧。

B : 你把手机放在哪儿了？

A : 我把手机放在我的手提包儿里了。

B : 哎呀, 你的手机信号还不如我的呢。

A : 隧道里信号都弱, 等过了隧道再打吧。

B : 这个隧道可真长啊!

A : 听说这是我国目前最长的隧道。

B : 有信号了, 好像可以打了。

A : 你问详细点儿。

B : 电话号码是多少？

A : 我刚才给他们打过一次电话, 你直接按通话键就可以了。

B : 知道了。

一个书呆子

　　王好是个出了名的书呆子，已经大四了，可是还没有女朋友。他每天在一个固定的教室上自习，在那里他注意到一个女生，她每次都坐在他前面。他越来越喜欢她了，但是，内向的他不敢接近她，只是默默地注视着她的背影。

　　他的朋友们听说这件事以后，都说他太胆小。第二天早上起床以后，他来到那个教室，见到了他暗恋的那位姑娘，鼓足勇气递给姑娘一张字条："你好！我注意你很长时间了。你是一个温柔漂亮的姑娘，我能和你交个朋友吗？"那个女生看完字条，开始收拾东西，然后问他："我要走了，你要不要和我一起走？"王好这个书呆子却回答说："你先走吧，我还有几页书没看完。"

번역하기 단어

书呆子 shūdāizi・책벌레	背影 bèiyǐng・뒷모습
王好 Wánghǎo・왕하오(인명)	胆小 dǎnxiǎo・담이 작다. 겁 많다. 소심하다
出名 chūmíng・이름이 나다	暗恋 ànliàn・몰래 사랑하다. 짝사랑
大四 dà sì・대학교 4학년	勇气 yǒngqì・용기
固定 gùdìng・고정된	鼓足勇气 gǔzú yǒngqì・용기를 내다
教室 jiàoshì・교실	递给 dìgěi・…에게 건네다
上自习 shàng zìxí・자습을 하다	字条 zìtiáo・쪽지
女生 nǚshēng・여학생	交朋友 jiāo péngyou・친구를 사귀다
敢 gǎn・감히. 대담하게	开始 kāishǐ・시작하다
接近 jiējìn・접근하다	收拾 shōushi・치우다. 정리하다
默默地 mòmòde・묵묵히	却 què・뜻밖에. 의외로
注视 zhùshì・주시하다	页 yè・쪽. 페이지

문법 해설

1 "好不容易"의 용법

'好不容易'는 '어렵게'라는 뜻으로 뒤에 '才'와 호응하여 쓰는 경우가 많다.

我好不容易才找到你家。 아주 어렵게 너의 집을 찾았어.
我好不容易才买到票。 아주 어렵게 표를 샀다.

주의: '好不容易'와 '好容易'는 같은 뜻을 나타낸다.

我好容易才找到这份工作。 나는 이 일자리를 아주 어렵게 얻었다.
我好容易才睡着。 나는 아주 어렵게 잠들었다.

2 "差点儿"의 용법

'差点儿'은 '하마터면'이라는 뜻을 나타낸다. 즉 어떤 일이 일어날 뻔하다. 또는 하마터면 일어나지 않을 뻔하다.

(1) 바라지 않던 일이 일어날 뻔했으나 일어나지 않았다. 동사 앞에 부정 부사가 있든 없든 모두 같은 뜻을 나타낸다.

差点儿(没)迟到。 하마터면 지각할 뻔했다.(지각하지 않았음)
差点儿(没)摔倒。 하마터면 넘어질 뻔했다.(넘어지지 않았음)

(2) 바라던 일이 이루어지지 않을 뻔했으나 마침내 이루어지다. 동사 앞에 부정 부사가 있어야 한다.

差点儿没见着。 하마터면 만나지 못 할 뻔했다.(사실은 만났음)
差点儿没买到。 하마터면 사지 못 할 뻔했다.(사실은 샀음)

(3) 바라던 일이 이루어질 뻔하였으나 이루어지지 않았다(애석함의 뜻이 있음). 동사 앞에 부정 부사가 없으며, 일반적으로 동사 앞에 '就'가 온다.

差点儿就赶上车了。 잘 하면 차를 탈 수 있을 뻔했다.(사실은 타지 못했음)
差点儿就买到了。 잘 하면 살 뻔했다.(사실은 사지 못했음)
差点儿就考上了。 잘 하면 붙을 뻔했다.(사실은 시험에 붙지 못했음)

shàng gāosù gōnglù
上 高速 公路
고속도로를 타다

jiāo guòlùfèi
交 过路费
통행료를 내다

sāichē
塞车
차가 막히다

guò mǎlù
过 马路
길을 건너다

chuǎng hóngdēng
闯 红灯
신호위반을 하다

fákuǎn
罚款
벌금을 부과하다

jiǔhòu jiàchē
酒后 驾车
음주운전을 하다

diàoxiāo jiàzhào
吊销 驾照
운전면허증이 취소되다

dānxíngdào
单行道
일방통행

● 말하기 연습

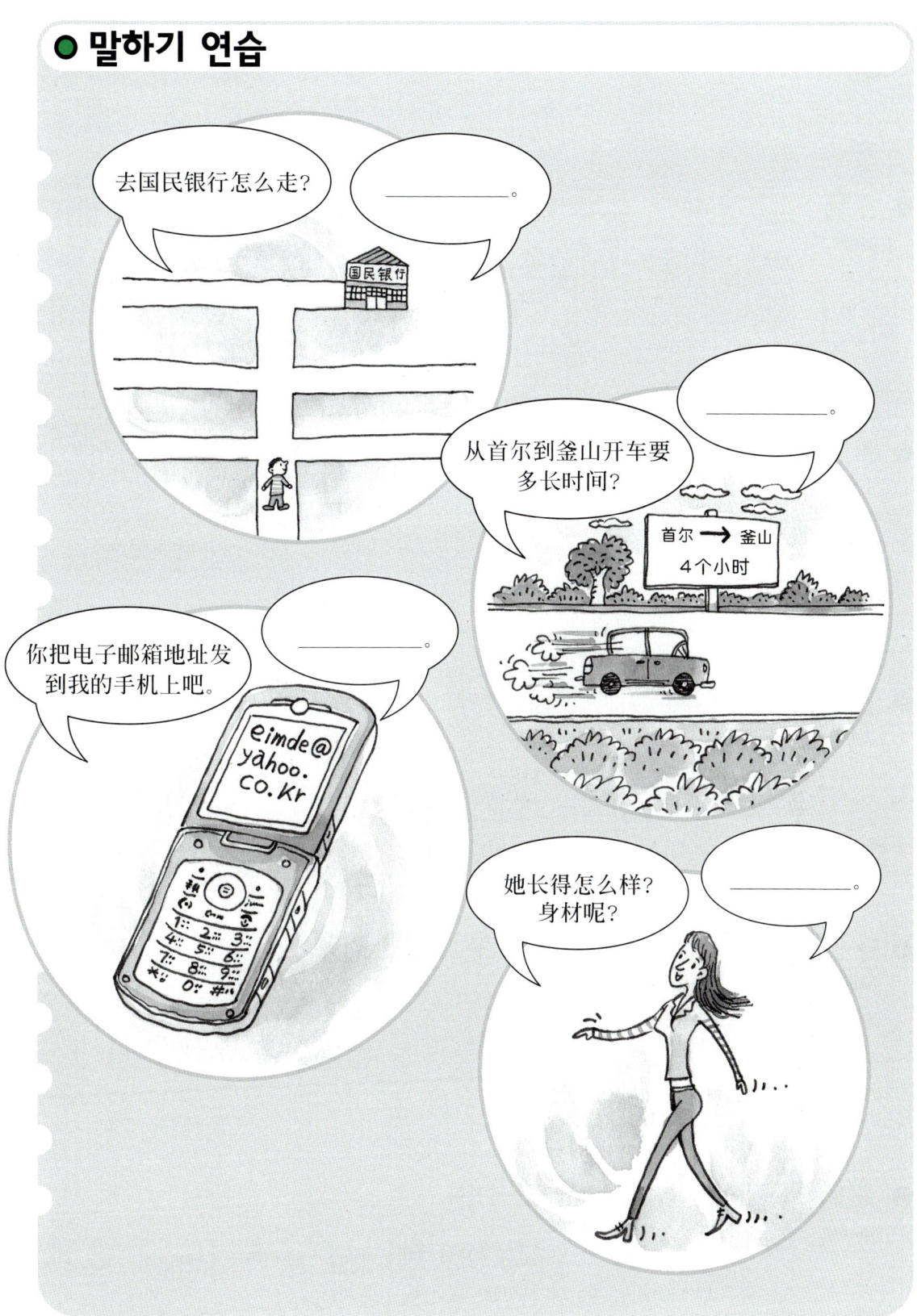

어휘 플러스

❶ 容易 : _____용납하다, _____용량, _____용모, _____용적
róngyì

▶▶▶
ⓐ 容量 　 ⓑ 容积 　 ⓒ 容纳 　 ⓓ 容貌
róngliàng 　 róngji 　 róngnà 　 róngmào

❷ 邻居 : _____새로운 거처, _____해외에서 살다, _____별거하다, _____동거하다
línjū

▶▶▶
ⓐ 分居 　 ⓑ 同居 　 ⓒ 新居 　 ⓓ 侨居海外
fēnjū 　 tóngjū 　 xīnjū 　 qiáojū hǎiwài

❸ 注意 : _____주목하다, _____주사를 놓다, _____주석, _____주시하다
zhùyì

▶▶▶
ⓐ 注解 　 ⓑ 注目 　 ⓒ 注视 　 ⓓ 注射
zhùjiě 　 zhùmù 　 zhùshì 　 zhùshè

❹ 身长 : _____몸매, _____신분, _____몸값, _____신변
shēncháng

▶▶▶
ⓐ 身材 　 ⓑ 身边 　 ⓒ 身份 　 ⓓ 身价
shēncái 　 shēnbiān 　 shēnfèn 　 shēnjià

❺ 眼睛 : _____안경, _____눈물, _____안목, _____눈썹
yǎnjing

▶▶▶
ⓐ 眼光 　 ⓑ 眼镜 　 ⓒ 眼泪 　 ⓓ 眼眉
yǎnguāng 　 yǎnjìng 　 yǎnlèi 　 yánméi

서술하기 연습

苍蝇　cāngying　파리

金项链儿　jīn xiàngliànr　금목걸이

71

어휘력 테스트

🔅 적절한 단어를 골라 빈칸을 채워보세요.

❶ 我_____才找到你家。

    ⓐ 很难   ⓑ 好容易   ⓒ 不容易   ⓓ 很长时间

❷ 那你_____用我的手机打吧。

    ⓐ 就   ⓑ 可以   ⓒ 把   ⓓ 优先

❸ 我家是不太_____找，这里小胡同特多。

    ⓐ 好   ⓑ 难   ⓒ 好好   ⓓ 不好

❹ 我整天早出晚归的，跟左邻右舍没 _____往来。

    ⓐ 什么样   ⓑ 怎么样   ⓒ 什么   ⓓ 怎么

❺ 我不是把地址_____你的手机上了吗？

    ⓐ 发   ⓑ 发到   ⓒ 发送   ⓓ 发给

❻ _____刚才给你打了两次电话，你都不接。

    ⓐ 一会儿   ⓑ 以前   ⓒ 因为   ⓓ 怪不得

❼ 你的手机信号还_____我的呢。

    ⓐ 不如   ⓑ 不比   ⓒ 没有   ⓓ 比得上

🌀 아래의 예문을 잘 읽어 보고 순서를 재 배열하여 이야기를 꾸며 보세요.

01. 妈妈推(tuī, 책임을 미루다)给哥哥，哥哥推给妹妹，妹妹推给小狗 BOBO

02. 如果被他们听到，下次他们会叫我去接电话!!!"

03. BOBO立刻(lìkè, 즉시)说，"嘘(xū, 쉿)! 小声一点啦

04. 手中拿着抹布(mābù, 걸레)，正在吃力(chīlì, 힘겹다)地擦着桌子

05. 一天，客人来访(láifǎng, 내방하다)，看到BOBO两脚站在椅子上

06. "哎，没办法，他们都太懒了。"

07. 每当(měidāng, …할 때마다)要做家务事时，爸爸推给妈妈

08. 这时小狗BOBO非常无奈(wúnài, 할 수 없다)的对客人说

09. 客人大吃了一惊(chī le yì jīng, 깜짝 놀라다)，说道："狗竟然(jìngrán, 뜻밖에도)会说人话!"

10. 有个家庭，家庭的成员都非常非常的懒

11. 客人惊呼(jīnghū, 깜짝 놀라 소리치다)："这只狗真聪明啊，还会做家务。"

순서 ▶ _____

# 春节吃饺子。

음력설에는 만두를 먹습니다.

기본 회화 단어

- 春节 Chūnjié • 몡 음력설
- 饺子 jiǎozi • 몡 만두
- 中秋节 Zhōngqiūjié • 몡 추석
- 月饼 yuèbǐng • 몡 월병(추석에 먹는 음식)
- 月亮 yuèliang • 몡 달
- 形状 xíngzhuàng • 몡 물체의 외관
- 代表 dàibiǎo • 몡 동 대표(하다)
- 年糕汤 niángāotāng • 몡 떡국
- 松饼 sōngbǐng • 몡 송편

실전 회화 단어 ①

- 风俗 fēngsú • 몡 풍속
- 首先 shǒuxiān • 몡 우선
- 团聚 tuánjù • 동 한자리에 모이다
- 年夜饭 niányèfàn • 몡 제야에 먹는 음식
- 放鞭炮 fàng biānpào • 동 폭죽을 터뜨리다
- 驱鬼 qūguǐ • 귀신을 몰아내다
- 半夜 bànyè • 몡 한밤중. 심야
- 为了 wèile • 전 …를 위하여
- 袜子 wàzi • 몡 양말
- 鞋 xié • 몡 신발
- 千里之行始于足下 qiān lǐ zhī xíng shǐ yú zú xià • 성 천리길도 한 걸음부터 시작된다
- 开端 kāiduān • 몡 동 발단(하다)

- 倒 dào • 동 (위치나 순서가) 거꾸로 되다
- 贴 tiē • 동 붙이다
- 福 fú • 몡 복. 행복
- 字 zì • 몡 글자
- 谐音 xiéyīn • 몡 비슷한 음
- 亲戚 qīnqi • 몡 친척
- 之间 zhījiān • 몡 사이
- 互相 hùxiāng • 부 서로. 상호
- 拜年 bàinián • 동 새해 인사를 드리다
- 讲究 jiǎngjiu • 몡 (숨은) 의미

실전 회화 단어 ②

- 韵味 yùnwèi • 몡 풍아한 (우아한) 맛. 정취
- 传统 chuántǒng • 몡 전통
- 服装 fúzhuāng • 몡 복장
- 旗袍 qípáo • 몡 치파오(중국 전통 의상)
- 好 hǎo • 부 정말로
- 体形 tǐxíng • 몡 체형
- 差不多 chà bu duō • 혱 거의 비슷하다
- 紧 jǐn • 혱 (옷·신 따위가) 꼭 끼다. 너무 작다
- 帮忙 bāngmáng • 동 일을 돕다
- 镜子 jìngzi • 몡 거울
- 哈哈 hāhā • 의 하하(웃는 소리)
- 像 xiàng • 동 닮다. 비슷하다
- 相机 xiàngjī • 몡 카메라
- 三角架 sānjiǎojià • 몡 (카메라의) 삼각대

 **기본 회화**

Ⓐ 在 中国 过 春节 的 时候 吃 什么?
Zài Zhōngguó guò Chūnjié de shíhou chī shénme?

Ⓑ 吃 饺子 啊。
Chī jiǎozi a.

Ⓐ 中秋节 的 时候 呢?
Zhōngqiūjié de shíhou ne?

Ⓑ 吃 月饼。
Chī yuèbǐng.

Ⓐ 为什么 吃 月饼 啊?
Wèishénme chī yuèbǐng a?

Ⓑ 因为 月饼 的 形状 很 像 月亮, 所以 月饼 代表 月亮。
Yīnwèi yuèbǐng de xíngzhuàng hěn xiàng yuèliang, suǒyǐ yuèbǐng dàibiǎo yuèliang.

회화 연습

韩国 —— 年糕汤 —— 松饼
Hánguó niángāotāng sōngbǐng

Ⓐ : 中国人过春节的时候有什么风俗习惯？

Ⓑ : 首先是全家人团聚在一起吃年夜饭。

Ⓐ : 好像还放鞭炮。

Ⓑ : 对，半夜十二点的时候放鞭炮。

Ⓐ : 为什么要放鞭炮呢？

Ⓑ : 是为了驱鬼。

Ⓐ : 除了这个以外还有什么？

Ⓑ : 买新袜子，穿新鞋。

Ⓐ : 那又为了什么呢？

Ⓑ : 千里之行始于足下，新的一年要有新的开端。

Ⓐ : 噢，是这样，那在门上倒贴"福"字是什么意思啊？

Ⓑ : "福倒了"跟"福到了"谐音啊。

Ⓐ : 挺有意思。

Ⓑ : 亲戚朋友之间还要互相拜年呢。

Ⓐ : 中国人过春节的时候讲究可真多！

Ⓐ : 这是什么衣服？看上去很有韵味啊！

Ⓑ : 这是中国传统服装，叫旗袍。

Ⓐ : 好漂亮啊！可不可以让我穿一下？

Ⓑ : 当然可以啦。

Ⓐ : 怎么穿啊？

Ⓑ : 来，我帮你穿。

Ⓐ : 哎呀，太瘦了，我好像穿不进去。

Ⓑ : 你体形跟我差不多，应该能穿进去。

Ⓐ : 我可穿不了，太紧了。

Ⓑ : 等等，马上就好了。

Ⓐ : 这衣服可真难穿啊！还得有人帮忙才能穿进去。

Ⓑ : 别动！穿好了，你看看镜子。

Ⓐ : 哈哈，你看我像不像中国人？

Ⓑ : 像，像极了，等等，我去拿相机给你照几张相。

Ⓐ : 好啊，我们俩也来一张。

Ⓑ : 那我把三角架也拿来。

번역하기

　　今天是三八妇女节, 上午上班, 下午呢, 男同志照常工作, 女同志放假, 干什么呢? 去逛街还是约朋友喝茶呢? 像我这样的职业女性, 平日忙工作, 周末忙家务, 难得有属于我们自己的时间, 所以三八妇女节一定要玩儿个痛快。

　　下午我约了几个好朋友一起去看电影, 可能是因为时间关系, 电影院里除了我们几个以外, 几乎没什么人, 所以看电影也没气氛, 再加上电影本来就没什么意思, 看着看着就睡着了。从电影院里出来以后, 我们又去咖啡厅聊了一个多小时, 一看表都五点了, 我说请她们吃晚饭, 可是她们放心不下家里的老公和孩子, 一定要回家, 没办法我也只好回家了。哎, 女人就是女人, 刀子嘴豆腐心, 刚才还在咖啡厅里骂男人, 现在又惦记起来了。

번역하기 단어

三八妇女节 sānbā fùnǚjié • 국제 여성의 날(3월 8일)	几乎 jīhū • 거의
同志 tóngzhì • 동지	没什么人 méi shénme rén • 사람이 별로 없다
照常 zhàocháng • 평소대로 하다	气氛 qìfen • 분위기
放假 fàngjià • 1. 휴가로 쉬다 2. 방학하다	再加上 zàijiāshang • 게다가
逛街 guàngjiē • 거리를 거닐다	睡着了 shuì zháo le • 잠들었다
约 yuē • 약속하다	放心不下 fàngxīn bú xià • 마음을 놓을 수가 없다
职业女性 zhíyè nǚxìng • 직업 여성	刀子嘴豆腐心 dāozi zuǐ dòufu xīn • 입은 칼인데 마음은 두부다. (비유) 말씨는 날카로워도 마음은 부드럽다
忙 máng • 서둘러 …하다	
难得 nándé • 모처럼 …하다	骂 mà • 욕하다
属于 shǔyú • …(의 범위)에 속하다	惦记 diànjì • 늘 생각하다. 염려하다
痛快 tòngkuai • 통쾌하다. 유쾌하다	起来 qǐlai • …하기 시작하다

문법 해설

1 "看上去"의 용법

'看上去'는 '…같이 보이다'라는 뜻으로 사람의 나이·표정·컨디션 등에 대한 추측을 나타냄.

> 看上去他好像有十七八岁。 그는 17, 8살 같이 보였다.
> 看上去他好像很疲劳。 그는 아주 피곤해 보였다.
> 他看上去很年轻。 그는 아주 젊어 보였다.

2 "看样子"의 용법

'看样子'는 '보아하니'라는 뜻으로 어떤 상황에 대한 추측을 나타냄.

> 看样子他不会来了。 보아하니 그 사람은 오지 않을 것 같다.
> 看样子你还不知道。 보아하니 당신이 아직 모르고 있는 것 같군요.

3 가능보어로 표현하는 불가능의 의미 분석

穿不进去	너무 작아서 입을 수 없다.	这条裙子太瘦了，我穿不进去。 이 치마가 너무 작아서 입을 수가 없네요.
脱不下来	너무 끼어서 벗을 수 없다.	快来帮帮我，我自己脱不下来。 빨리 와서 좀 도와주세요. 나 혼자서 벗을 수 없습니다.
放不进去	공간이 너무 작거나 물건이 너무 커서 들어갈 수 없다.	包儿太大了，放不进去。 가방이 너무 커서 들어가지 않습니다.
拿不出来	공간이 너무 작거나 물건이 너무 커서 꺼낼 수 없다.	怎么拿不出来呢？ 왜 안 나오지?

quèbān

雀斑

주근깨

hēizhì

黑痣

검은 반점

tūdǐng

秃顶

대머리

lādù

拉肚

설사하다

ǒutù

呕吐

구토하다

dǎ hāqian

打 哈欠

하품을 하다

biànmì

便秘

변비

yǒu kǒuchòu

有 口臭

구취가 있다

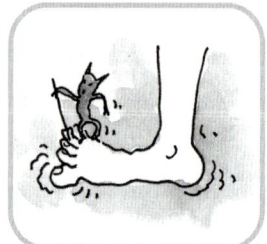

yǒu jiǎoqì

有 脚气

무좀이 있다

在韩国过生日的时候吃什么？

＿＿＿＿＿。

海带汤　hǎidàitāng　미역국

＿＿＿＿＿？

韩国人结婚的时候女方要给男方的父母和亲戚买礼物。

中国人过春节的时候为什么要放鞭炮？

＿＿＿＿＿。

韩国人过中秋节的时候有什么讲究？

＿＿＿＿＿。

어휘 플러스

❶ 代表 : _____ 대가, _____ 대리인, _____ 대필하다, _____ 대체하다
dàibiǎo

▶▶▶
ⓐ 代替 dàitì
ⓑ 代价 dàijià
ⓒ 代理人 dàilǐrén
ⓓ 代笔 dàibǐ

❷ 风俗 : _____ 풍파, _____ 풍랑, _____ 풍경, _____ 풍격
fēngsú

▶▶▶
ⓐ 风波 fēngbō
ⓑ 风景 fēngjǐng
ⓒ 风浪 fēnglàng
ⓓ 风格 fēnggé

❸ 团聚 : _____ 단결하다, _____ 단원, _____ 단장, _____ 단체
tuánjù

▶▶▶
ⓐ 团结 tuánjié
ⓑ 团体 tuántǐ
ⓒ 团员 tuányuán
ⓓ 团长 tuánzhǎng

❹ 亲戚 : _____ 친필, _____ 친근하다, _____ 친언니(누나), _____ 친밀하다
qīnqi

▶▶▶
ⓐ 亲姐姐 qīn jiějie
ⓑ 亲笔 qīnbǐ
ⓒ 亲密 qīnmì
ⓓ 亲近 qīnjìn

❺ 讲究 : _____ 강연하다, _____ 강의하다, _____ 강사, _____ 강좌
jiǎngjiu

▶▶▶
ⓐ 讲师 jiǎngshī
ⓑ 讲演 jiǎngyǎn
ⓒ 讲座 jiǎngzuò
ⓓ 讲课 jiǎngkè

서술하기 연습

어휘력 테스트

❋ 적절한 단어를 골라 빈칸을 채워보세요.

❶ 首先是全家人_____在一起吃年夜饭。

　　ⓐ 聚会　　　　ⓑ 团聚　　　　ⓒ 聚集　　　　ⓓ 全部

❷ _____十二点的时候放鞭炮。

　　ⓐ 半夜　　　　ⓑ 夜半　　　　ⓒ 三更　　　　ⓓ 深夜

❸ 新的一年要有新的_____。

　　ⓐ 开始　　　　ⓑ 计划　　　　ⓒ 打算　　　　ⓓ 开端

❹ 亲戚朋友之间还要_____拜年呢。

　　ⓐ 一起　　　　ⓑ 关系　　　　ⓒ 互相　　　　ⓓ 相互

❺ 看上去很有_____啊!

　　ⓐ 气氛　　　　ⓑ 韵味儿　　　　ⓒ 氛围　　　　ⓓ 优秀

❻ 太瘦了, 我好像穿不_____。

　　ⓐ 出去　　　　ⓑ 出来　　　　ⓒ 进来　　　　ⓓ 进去

❼ 这衣服可真难穿啊! 还得有人帮忙_____能穿进去。

　　ⓐ 才　　　　ⓑ 刚才　　　　ⓒ 刚刚　　　　ⓓ 就

🌀 아래의 예문을 잘 읽어 보고 순서를 재 배열하여 이야기를 꾸며 보세요.

01. 看完足球赛凌晨(língchén, 새벽)四点才睡觉

02. 我最喜欢的球星朴智星(Piáozhìxīng, 박지성)踢进了两个球

03. 等我起床的时候已经八点半了

04. 但我还是迟到了一个多小时

05. 昨天晚上韩国队对日本队的足球赛特别精彩(jīngcǎi, 멋들어지다)

06. 我被我们科长批评了一顿

07. 我赶紧(gǎnjǐn, 서둘러)洗脸、刷牙

08. 他说我太散漫(sǎnmàn, 산만하다)

09. 结果韩国队2比0赢了日本队

10. 我觉得他有点儿小题大做

11. 早上闹钟响(nàozhōng xiǎng, 알람 시계가 울리다)我也没听见

순서 ▶ _____

旺季和淡季大概要差多少钱?
성수기와 비수기의 가격 차이는 어느 정도 됩니까?

기본 회화 단어

- 昆明 Kūnmíng • 명 쿤밍(지명)
- 桂林 Guìlín • 명 꾸이린(지명)
- 重庆 Chóngqìng • 명 충칭(지명)
- 返回 fǎnhuí • 동 되돌아가다(오다)
- 自由 zìyóu • 형 자유롭다
- 行动 xíngdòng • 명 행동. 활동
- 团队 tuánduì • 명 단체
- 旅游 lǚyóu • 명 동 여행(하다)
- 跟团走 gēn tuán zǒu • 여행단을 따라 관광하다
- 西安 Xī'ān • 명 씨안(지명)
- 延长 yáncháng • 명 동 연장(하다)
- 停留期限 tíngliú qīxiàn • 체류 기간
- 庆州 Qìngzhōu • 명 경주
- 提前 tíqián • 동 앞당기다

실전 회화 단어 ①

- 打扰 dǎrǎo • 동 폐를 끼치다
- 这边 zhèbiān • 대 이쪽
- 东南亚 Dōngnán Yà • 명 동남아시아
- 月末 yuèmò • 명 월말
- 月初 yuèchū • 명 월초
- 正好 zhènghǎo • 부 마침. 때마침
- 旺季 wàngjì • 명 성수기
- 淡季 dànjì • 명 비수기
- 价格 jiàgé • 명 가격

- 差 chà • 형 차이가 나다
- 百分之二十五 bǎifēnzhī èrshíwǔ • 25%
- 商量 shāngliang • 동 상의하다
- 最低价 zuìdījià • 최저가

실전 회화 단어 ②

- 幢 zhuàng • 양 (건물의 수효를 세는 말) 동
- 别墅 biéshù • 명 별장
- 亲手 qīnshǒu • 부 손수. 직접
- 种 zhòng • 동 심다
- 你可真行 nǐ kě zhēn xíng • 너 정말 대단하다
- 白菜 báicài • 명 배추
- 生菜 shēngcài • 명 상추
- 辣椒 làjiāo • 명 고추
- 西红柿 xīhóngshì • 명 토마토
- 茄子 qiézi • 명 가지
- 养狗 yǎng gǒu • 개를 기르다
- 只 zhī • 양 (동물을 셀 때 씀) 마리
- 退休 tuìxiū • 명 동 퇴직(하다)
- 开农场 kāi nóngchǎng • 농장을 경영하다
- 叫 jiào • 전 …에 의하여 (…하게 되다)
- 开玩笑 kāiwánxiào • 농담하다
- 花草 huācǎo • 명 화초
- 树木 shùmù • 명 나무
- 走火入魔 zǒu huǒ rù mó • 깊게 빠지다
- 反正 fǎnzhèng • 부 아무튼

 **기본 회화**

Ⓐ 我们 先 去 哪儿?
Wǒmen xiān qù nǎr?

Ⓑ 先 去 昆明, 然后 去 桂林, 最后 从 重庆 返回 首尔。
Xiān qù Kūnmíng, ránhòu qù Guìlín, zuìhòu cóng Chóngqìng fǎnhuí Shǒu'ěr.

Ⓐ 可以 自由 行动 吗?
Kěyǐ zìyóu xíngdòng ma?

Ⓑ 不 可以, 我们 是 团队 旅游, 所以 一定 要 跟 团 走。
Bù kěyǐ, wǒmen shì tuánduì lǚyóu, suǒyǐ yídìng yào gēn tuán zǒu.

회화 연습

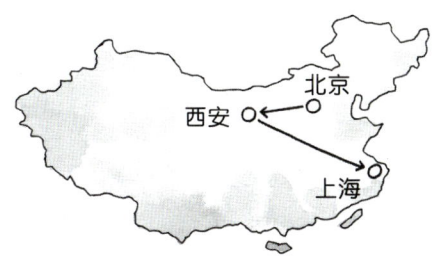

北京 — 西安 — 上海 — 延长 停留 期限
Běijīng Xī'ān Shànghǎi yáncháng tíngliú qīxiàn

济州岛 — 釜山 — 庆州 — 提前 回来
Jìzhōudǎo Fǔshān Qìngzhōu tíqián huílai

Ⓐ : 你好! 打扰一下, 哪位是张主任?

Ⓑ : 我就是, 您是哪一位?

Ⓐ : 我刚才给你打过电话。

Ⓑ : 噢, 是您, 这边请。

Ⓐ : 我想和家人一起去东南亚旅游。

Ⓑ : 你们想什么时候去?

Ⓐ : 七月末或者八月初。

Ⓑ : 那时正好是旅游旺季, 所以价格会贵一些。

Ⓐ : 那什么时候去比较便宜?

Ⓑ : 六月比较便宜。

Ⓐ : 旺季和淡季大概要差多少钱?

Ⓑ : 大概要差百分之25左右。

Ⓐ : 差那么多呀! 那我得回去跟家人商量商量。

Ⓑ : 好的, 等商量好了以后再来找我吧, 这是我的名片。

Ⓐ : 下次来我还找你, 不过得给我便宜一点儿。

Ⓑ : 那当然, 我给你的价肯定是最低价。

Ⓐ : 你这幢别墅好漂亮啊!

Ⓑ : 来, 到这边来看看, 这些都是我亲手种的。

Ⓐ : 真的? 你可真行, 都种了些什么?

Ⓑ : 有白菜、生菜、辣椒、西红柿, 还有茄子呢。

Ⓐ : 你每天上班哪儿有时间干这些啊?

Ⓑ : 我还养了两只狗呢。

Ⓐ : 哎哟, 我看你呀, 干脆退休开农场算了?

Ⓑ : 叫你说对了, 我正准备退休呢。

Ⓐ : 啊? 你不是在开玩笑吧?

Ⓑ : 你看我像开玩笑吗?

Ⓐ : 在这里你不觉得寂寞吗?

Ⓑ : 这里有这么多花草树木, 还有我可爱的小狗, 怎么会寂寞呢?

Ⓐ : 我看你呀, 是走火入魔了。

Ⓑ : 你说什么都没关系, 反正我现在过得比以前充实多了。

Ⓐ : 你爱人也喜欢在这里生活吗?

Ⓑ : 刚开始的时候不太喜欢, 现在好像好多了, 还好她这个人适应能力比较强。

夏天休假的最佳选地

❶ 济州岛

소개 내용	제주도에 대한 자세한 소개
住宿条件	
饮食	
值得游览的地方	
购物	
费用	
其他	

❷ 泰国

소개 내용	태국에 대한 자세한 소개
住宿条件	
饮食	
值得游览的地方	
购物	
费用	
各种表演	
其他	

토의 방법: 학생 4명은 관광객 역할을 맡고, 나머지 학생들은 2팀으로 나누어 A, B 두 여행사 직원 역할을 맡는다. 지금 A, B 두 여행사는 제주도와 태국 서로 특색이 다른 여행 상품을 놓고 경쟁하고 있다. 최종 많은 관광객을 유치하는 팀이 이기는 걸로 간주한다.

1 **"哪儿……啊"를 이용한 강조**

의미: 어떤 상황과 실제 상황이 서로 부합하지 않음을 강조한다. 술어(동사 또는 형용사) 앞에 의문대사 '哪儿'을 써서 반문하여 강조를 나타낸다.

(1) 긍정형식의 반문구는 부정의 의미를 강조한다

반문구	강조하는 의미
我哪儿有时间学习啊?	我没有时间学习。
他哪儿知道这件事儿啊?	他不知道这件事儿。
首尔的冬天哪儿冷啊?	首尔的冬天不冷。
那个人哪儿是李老师啊?	那个人不是李老师。
他哪儿能来啊?	他不能来。

(2) 부정형식의 반문구는 긍정의 의미를 강조한다

반문구	강조하는 의미
他哪儿没去过啊?	他什么地方都去过。
他哪儿不知道啊?	他知道。
老师哪儿能不来啊?	老师能来。

2 **"怎么会……呢"를 이용한 강조**

의미: 술어(동사 또는 형용사) 앞에 의문대사 '怎么会'을 써서 강조를 나타낸다. 긍정형식의 반문구는 부정의 의미를 강조하고, 부정형식의 반문구는 긍정의 의미를 강조한다.

他怎么会不知道呢? = 他知道。
怎么会寂寞呢? = 不寂寞。

◉ 아래의 성어로 빈칸을 채워보세요.

A 奋不顾身 fèn bù gù shēn 헌신적으로 분투하다
B 无动于衷 wú dòng yú zhōng 아무런 느낌이 없다. 무관심 하다
C 左右为难 zuǒ yòu wéi nán 이러지도 저러지도 못하다. 진퇴양난
D 袖手旁观 xiù shǒu páng guān 수수방관하다
E 忐忑不安 tǎn tè bù ān 가슴이 두근두근하다

当钱掉进马桶里的时候
돈이 변기에 빠졌을 때

1. 100元的硬币掉进马桶的时候（　　）
   100원 짜리 동전이 변기에 떨어졌을 때

2. 500元的硬币掉进马桶的时候（　　）
   500원 짜리 동전이 변기에 떨어졌을 때

3. 1,000元的纸币掉进马桶的时候（　　）
   1,000원 짜리 지폐가 변기에 떨어졌을 때

4. 10,000元的纸币掉进马桶的时候（　　）
   10,000원 짜리 지폐가 변기에 떨어졌을 때

5. 100,000元的支票掉进马桶的时候（　　）
   100,000원 짜리 수표가 변기에 떨어졌을 때

他们打算先去哪儿？
然后去哪儿？

_____。

加拿大
美国
巴西

_____？

今年夏天休假的时候
我打算去泰国旅游。

_____。

价格差多少？

135万元

125万元

我得跟我们科长商量商
量，明天再给您打电话。

_____。

어휘 플러스

❶ 自由 : _____ 자원하다, _____ 자신하다, _____ 자동, _____ 자연
zìyóu

▶▶▶
- ⓐ 自信 zìxìn
- ⓑ 自愿 zìyuàn
- ⓒ 自然 zìrán
- ⓓ 自动 zìdòng

❷ 行动 : _____ 행정, _____ 행인, _____ 행위, _____ 짐
xíngdòng

▶▶▶
- ⓐ 行人 xíngrén
- ⓑ 行李 xíngli
- ⓒ 行为 xíngwéi
- ⓓ 行政 xíngzhèng

❸ 提前 : _____ 제창하다, _____ 개요, _____ 제시하다, _____ 일깨우다
tíqián

▶▶▶
- ⓐ 提要 tíyào
- ⓑ 提倡 tíchàng
- ⓒ 提醒 tíxǐng
- ⓓ 提示 tíshì

❹ 名片 : _____ 명성, _____ 명칭, _____ 명의, _____ 명리
míngpiàn

▶▶▶
- ⓐ 名称 míngchēng
- ⓑ 名利 mínglì
- ⓒ 名声 míngshēng
- ⓓ 名义 míngyì

❺ 商量 : _____ 상의하다, _____ 상업, _____ 상품, _____ 상담하다
shāngliang

▶▶▶
- ⓐ 商品 shāngpǐn
- ⓑ 商谈 shāngtán
- ⓒ 商业 shāngyè
- ⓓ 商议 shāngyì

❀ 다른 색으로 표기되어 있는 단어와 가장 비슷한 뜻을 가진 단어를 보기 중에서
골라보세요.

❶ 我给你的价肯定是最低价。

ⓐ 应该   ⓑ 必须   ⓒ 不一定   ⓓ 一定

❷ 这些都是我亲手种的。

ⓐ 亲眼   ⓑ 亲自   ⓒ 亲身   ⓓ 大家

❸ 有大葱、大蒜、白菜、生菜、辣椒、西红柿、还有茄子呢。

ⓐ 柿子   ⓑ 柿饼   ⓒ 番茄   ⓓ 冻柿子

❹ 叫你说对了，我正准备退休呢。

ⓐ 由   ⓑ 给   ⓒ 被   ⓓ 让

❺ 还好她这个人适应能力比较强。

ⓐ 还可以   ⓑ 幸亏   ⓒ 幸运   ⓓ 为

❻ 这里有这么多花草树木，还有我可爱的小狗，怎么会寂寞呢？

ⓐ 可能   ⓑ 不能   ⓒ 可以   ⓓ 感到

❼ 你说什么都没关系，反正我现在过得比以前充实多了。

ⓐ 尽管   ⓑ 无论如何   ⓒ 不管怎样   ⓓ 总之

순서 찾기

🔘 아래의 예문을 잘 읽어 보고 순서를 재 배열하여 이야기를 꾸며 보세요.

01. 就像一个正常人没有穿衣服一样，被人笑话(xiàohua, 조롱하다)

02. 在印度、尼泊尔(Níbó'ěr, 네팔)、缅甸(Miǎndiàn, 미얀마)等国黄牛是"神牛"

03. 如果你去英国旅游，不能问男人的工资和女人的年龄

04. 所以，用左手拿食品是对主人最大的不礼貌(lǐmào, 예의바르다)

05. 去印度旅游，吃饭和拿东西，只能用右手(yòushǒu, 오른손)

06. 那样你就会成为不受欢迎的人

07. 因为他们用左手洗澡(xǐzǎo, 목욕하다)、上厕所(shàng cèsuǒ, 화장실에서 볼 일을 보다)，左手是不干净的

08. 那么女人上街需要戴耳环(dài ěrhuán, 귀걸이를 하다)，如果不戴耳环

09. 如果在街上遇到(yùdào, 만나다)了 "神牛"，那么行人或车辆都要回避(huíbì, 피하다)、绕行(ràoxíng, 돌아가다)

10. 每个国家都有自己国家的风俗(fēngsú, 풍속)习惯，如果你到西班牙去旅行

11. 去匈牙利(Xiōngyálì, 헝가리)旅游，千万不要打碎(dǎsuì, 부수다)玻璃器皿(bóli qìmǐn, 유리 그릇)

순서 ▶ _____

09 你说话可得算数啊。
약속을 하셨으면 꼭 지켜야 합니다.

기본 회화 단어

- 腿 tuǐ • 명 다리
- 下楼 xià lóu • 동 아래층으로 내려가다
- 小心 xiǎoxīn • 동 조심하다. 주의하다
- 摔 shuāi • 동 넘어지다
- 摔倒 shuāi dǎo • 동 자빠지다. 엎어지다
- 摔坏 shuāi huài • 동 넘어져 다치다
- 摔伤 shuāi shāng • 동 넘어져 부상당하다
- 厉害 lìhai • 형 1. 심하다 2. 사납다
- 上 shàng • 동 가다(회화에서 씀)
- 脸 liǎn • 명 얼굴
- 肿 zhǒng • 동 부어오르다
- 骑 qí • 동 (자전거ㆍ말ㆍ오토바이 등을) 타다
- 摩托车 mótuōchē • 명 오토바이
- 眼睛 yǎnjing • 명 눈

실전 회화 단어 ①

- 骗 piàn • 동 속이다
- 呆 dāi • 동 하는 일이 없이 빈둥거리다
- 对 duì • 전 …에 대하여
- 算 suàn • 동 …라고 할 수 있다
- 项 xiàng • 양 가지. 항. 조목
- 快步走 kuài bù zǒu • 빨리 걷다
- 减肥 jiǎnféi • 동 다이어트하다
- 原来 yuánlái • 부 알고보니
- 嫌 xián • 동 꺼리다
- 拉 lā • 동 끌다

好处 hǎochù • 명 장점
- 起来 qǐlai • (동사 뒤에 쓰임) …할 때
- 锻炼 duànliàn • 동 단련하다
- 说话算数 shuōhuà suànshù • 약속을 지키다
- 倒 dào • 부 오히려

실전 회화 단어 ②

- 病人 bìngrén • 명 환자
- 家属 jiāshǔ • 명 가족
- 紧急 jǐnjí • 형 긴급하다
- 输血 shūxuè • 동 수혈하다
- 血库 xuèkù • 명 혈액은행
- 血 xiě • 명 피
- 血型 xuèxíng • 명 혈액형
- AB型 ABxíng • 명 AB형
- 亲属 qīnshǔ • 명 친척
- 病情 bìngqíng • 명 병세
- 危险 wēixiǎn • 명 형 위험(하다)
- 目前 mùqián • 명 지금. 현재
- 不好说 bu hǎo shuō • 단언하기가 어렵다
- 无论如何 wúlùn rúhé • 어떻게 해서든지
- 救活 jiùhuó • 동 살려내다
- 尽全力 jìn quánlì • 전력을 다하다
- 手术 shǒushù • 명 수술
- 具体 jùtǐ • 형 구체적이다
- 事宜 shìyí • 명 일. 사무
- 说明 shuōmíng • 명 동 설명(하다)
- 趟 tàng • 양 차례. 번

기본 회화

Ⓐ 你 的 腿 怎么 了?
Nǐ de tuǐ zěnme le?

Ⓑ 昨天 下楼 的 时候 不 小心 摔 坏 了。
Zuótiān xiàlóu de shíhou bù xiǎoxīn shuāi huài le.

Ⓐ 哎呀, 你 的 腿 摔 得 挺 厉害 的, 用 不 用 上 医院 去
Āiyā, nǐ de tuǐ shuāi de tǐng lìhai de yòng bu yòng shàng yīyuàn qù

看 一 看?
kàn yi kàn?

Ⓑ 谢谢 你 的 关心, 我 看 不 用 了。
Xièxie nǐ de guānxīn, wǒ kàn bú yòng le.

회화 연습

脸 —— 踢 足球 的 时候 不 小心 摔 倒 了
liǎn   tī zúqiú de shíhou bù xiǎoxīn shuāi dǎo le

你 的 脸 肿 得
nǐ de liǎn zhǒng de

眼睛 —— 骑 摩托车 的 时候 不 小心 摔 伤 了
yǎnjing   qí mótuōchē de shíhou bù xiǎoxīn shuāi shāng le

你 的 眼睛 肿 得
nǐ de yǎnjing zhǒng de

Ⓐ：还有多远？

Ⓑ：马上就到了。

Ⓐ：你说就十分钟，现在已经走了半个多小时了。

Ⓑ：如果我说得走三十多分钟的话，你肯定不会跟我来的。

Ⓐ：你骗我。

Ⓑ：你每天呆在家里，一点儿也不运动，这对身体是非常不好的。

Ⓐ：可是走路也不能算是什么运动啊！

Ⓑ：你说错了，走路是一项很好的运动，而且快步走还可以减肥呢。

Ⓐ：原来你是嫌我胖，所以拉我出来走路啊？

Ⓑ：我是对你好，胖了有什么好处？

Ⓐ：谁不知道瘦比胖好，可是减肥说起来容易做起来难啊！

Ⓑ：我每天陪你一起锻炼身体，怎么样？

Ⓐ：可以，不过你说话可得算数啊。

Ⓑ：我什么时候说话不算数啦？

Ⓐ：什么时候我倒不记得，不过好像是有过。

Ⓑ：这次肯定不会，你就放心吧。

실전 회화 ❷

Ⓐ : 谁是病人的家属?

Ⓑ : 我是病人的家属, 什么事儿?

Ⓐ : 现在病人需要紧急输血, 可是血库里的血都用没了。

Ⓑ : 需要什么血型?

Ⓐ : AB型。

Ⓑ : 真不巧, 我是B型。

Ⓐ : 那你可不可以给其他亲属打电话问一下?

Ⓑ : 可以。大夫, 我叔叔现在的病情怎么样? 危不危险?

Ⓐ : 目前还不好说。

Ⓑ : 大夫, 无论如何一定要救活我叔叔啊。

Ⓐ : 放心吧, 我们一定会尽全力的。

Ⓑ : 谢谢大夫!

Ⓐ : 另外有关手术的一些具体事宜, 我得跟家属说明一下,
请你到我办公室来一趟。

Ⓑ : 大夫, 我先打个电话, 然后再到您办公室去找您。

Ⓐ : 好的, 那我在办公室等你。

你的压力指数

1. 你的职位突然晋升了，你会……

   ① 觉得很突然，不知道怎么办。
   ② 找上司谈话，希望他帮助你。
   ③ 一方面搞好跟上下级的关系，另一方面加强业务知识的学习，努力把工作做好。

2. 如果你突然丢失了一大笔钱，你会觉得……

   ① 真倒霉。
   ② 丢就丢了，不去想这件事儿。
   ③ 想办法多挣点儿钱。

3. 在工作中遇到问题时，……

   ① 开会的时候，请大家一起想办法解决。
   ② 自己解决。
   ③ 请周围的朋友帮忙。

4. 你的上司对你的工作特别不满意的话，……

   ① 为了让你的上司满意，更加努力地工作。
   ② 找个机会，跟你的上司谈话，问他有没有好的想法或者建议。
   ③ 他说他的，你做你的。反正你怎么努力他都不会满意。

5. 你们夫妻为了一件小事吵架以后，两个人好几天不说话，这时候，……

   ① 绝对不道歉。
   ② 感到很伤心。
   ③ 请你的好朋友帮你们夫妻和解。

6. 你工作特别忙，回到家以后觉得很累，所以不想做家务，这时候……

① 想做的时候，做一点儿。不想做的时候，就不做。
② 请个保姆。
③ 没有钱请保姆，自己又不愿意做，所以经常发火。

7. 你的房东突然让你搬家，你会……

① 先问他为什么让我搬家。
② 不问为什么，让亲戚朋友帮你找房子准备搬家。
③ 觉得很突然，不知道怎么办才好。

8. 如果你打算自己开公司，你会……

① 找一个投资商。
② 向银行贷款。
③ 用自己的存款开公司。

9. 你心情不好的时候，你会选择哪一种排遣方式？

① 喝酒。
② 疯狂地购物或者大吃大喝。
③ 跟朋友说你的苦恼。

10. 你觉得你是不是幽默的人？

① 不是，我觉得自己一点儿也不幽默。
② 很多人都说我很幽默。
③ 说不好，有时也很幽默。

测试答案

	1	2	3	4	5	6	7	8	9	10
A	2	2	0	1	1	1	1	0	2	2
B	1	1	2	0	2	0	0	2	1	0
C	0	0	1	2	0	2	2	1	0	1

심리테스트 단어

压力 yālì • (추상적인 의미의) 압력. 스트레스

指数 zhǐshù • 지수

突然 tūrán • 갑자기

职位 zhíwèi • 직위

晋升 jìnshēng • 승진하다

上司 shàngsī • 상사

一方面 yìfāngmiàn • 한편으로

另一方面 lìng yìfāngmiàn • 다른 한편으로

搞好跟……的关系 gǎo hǎo gēn……de guānxi • …와 좋은 관계를 유지하다

上下级 shàngxiàjí • 상사와 부하 직원

加强 jiāqiáng • 강화하다

业务知识 yèwù zhīshi • 실무 지식

丢失 diūshī • 잃어버리다

一大笔钱 yí dà bǐ qián • 많은 돈

倒霉 dǎoméi • 재수 없다

遇到 yùdào • 만나다

更加 gèngjiā • 더욱 더

反正 fǎnzhèng • 어차피

夫妻 fūqī • 부부

绝对 juéduì • 절대로

道歉 dàoqiàn • 사과하다. 사죄하다

感到 gǎndào • 느끼다. 생각하다. 여기다

伤心 shāngxīn • 상심하다. 슬퍼하다

家务 jiāwù • 가사일

和解 héjiě • 화해하다

保姆 bǎomǔ • 가정부

发火 fāhuǒ • 화내다

投资商 tóuzīshāng • 투자자

贷款 dàikuǎn • 대출하다

存款 cúnkuǎn • 저금(하다)

心情 xīnqíng • 심정

选择 xuǎnzé • 선택하다

排遣 páiqiǎn • 기분 전환을 하다

疯狂 fēngkuáng • 미치다

大吃大喝 dà chī dà hē • 진탕 먹고 마시다

苦恼 kǔnǎo • 고뇌하다. 고민하다

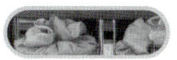

 문법 해설

1 **"着"의 여러 가지 용법**

(1) 동사 · 형용사 뒤에서 상태의 지속을 나타낸다.

门开着。 문이 열려 있다.   屋里的灯亮着。 방안에 등이 켜져 있다.

(2) '동사 + 着 + 동사'의 형식으로 행위의 방식이나 수단을 나타낸다.

站着吃饭。 서서 밥 먹다.   走着去。 걸어서 가다.

(3) 목적에 드디어 달성하였음을 나타낸다.

我找着(到)钱包了。 (찾으려던) 지갑을 (드디어) 찾았다.

(4) '형용사 + 着 + 了'의 형식으로 안 좋은 상황에 빠졌다는 뜻을 나타낸다.

累着了。 힘들었다.   烫着了。 데었다.   摔着了。 넘어졌다.

(5) '동사 + 着 + 点儿'의 형식으로 명령할 때나 어떤 사실을 일깨울 때 쓴다.

过马路的时候看着点儿。 길을 건널 때 조심해.
这件事儿你记着点儿。 이 일을 기억하고 있어라.
忍着点儿吧。 참아.

2 **"用不用……?"의 용법**

'用不用……?' 은 '…하지 않아도 되겠니?' 라는 뜻으로 상대방의 의견을 물을 때 사용한다.

用不用去医院看一看? 병원에 안 가봐도 되겠니?

用不用我帮忙? 내가 안 도와주어도 돼?

3 **"到……去/来"의 용법**

'到……去/来' 는 '到 + 장소 + 去/来'의 형식으로 '어디에 가다/오다' 라는 뜻을 나타낸다.

欢迎你到韩国来玩儿。 한국에 놀러 오시는 것을 환영합니다.

老师让你到办公室去一趟。 선생님께서 너더러 사무실로 오라셔.

wòshǒu
握手
악수하다

zhuā xiǎotōu
抓 小偷
도둑을 잡다

náo hòubèi
挠 后背
등을 긁다

zhā tóufa
扎 头发
머리를 묶다

mǒ zhǐjiayóu
抹 指甲油
매니큐어를 바르다

diǎn làzhú
点 蜡烛
촛불을 켜다

qīnwěn
亲吻
키스를 하다

yōngbào
拥抱
포옹하다

lāshǒu
拉手
손을 잡다

你的腿怎么了？

＿＿＿＿＿。

我看你烧(shāo 열이 나다)得挺厉害的，用不用吃药？

＿＿＿＿＿。

他跑了多长时间了？

＿＿＿＿＿。

时间:40分钟

你每天怎么锻炼身体？

＿＿＿＿＿。

어휘력 테스트

⊛ 다른 색으로 표기되어 있는 단어와 가장 비슷한 뜻을 가진 단어를 보기 중에서 골라보세요.

❶ 你说就十分钟, 现在已经走了半个多小时了。

    ⓐ 都   ⓑ 早   ⓒ 一共   ⓓ 才

❷ 原来你是嫌我胖, 所以拉我出来走路啊!

    ⓐ 不喜欢   ⓑ 挑剔   ⓒ 讨厌   ⓓ 嫌弃

❸ 谁不知道瘦比胖好, 可是减肥说起来容易做起来难啊!

    ⓐ 谁都不知道   ⓑ 谁都知道   ⓒ 谁知道   ⓓ 谁不都知道

❹ 现在病人需要紧急输血, 可是血库里的血都用没了。

    ⓐ 有病   ⓑ 病者   ⓒ 有病   ⓓ 患者

❺ 你叔叔的病情, 目前还不好说。

    ⓐ 说不好   ⓑ 说得不好   ⓒ 不能肯定   ⓓ 不安心

❻ 你不要骗我。

    ⓐ 欺负   ⓑ 欺诈   ⓒ 欺骗   ⓓ 骗子

❼ 如果我说得走三十分钟的话, 你肯定不会跟我来的。

    ⓐ 和   ⓑ 跟随   ⓒ 一起   ⓓ 让

서술하기 연습

轮胎爆了　lúntāi bào le　타이어가 터졌다

10 什么风把你吹来了?
무슨 바람이 불어 여기까지 오셨습니까?

:: 기본 회화 단어

□ 存钱 cúnqián • 통 저금하다. 예금하다

□ 取钱 qǔqián • 통 (은행에서) 돈을 인출하다

□ 填写 tiánxiě • 통 기입하다. 작성하다

□ 取款单 qǔkuǎndān • 명 (은행에서) 돈을 찾을 때 쓰는 양식

□ 窗口 chuāngkǒu • 명 창구

□ 办理 bànlǐ • 통 처리하다

□ 寄 jì • 통 (우편으로) 부치다. 보내다

□ 快件 kuàijiàn • 명 빠른 우편

□ 慢件 mànjiàn • 명 보통 우편. 일반 우편

□ 包裹单 bāoguǒdān • 명 (우체국에서) 소포를 보낼 때 쓰는 양식

□ 换 huàn • 통 1. 환전하다 2. 바꾸다

□ 美元 měiyuán • 명 달러

□ 人民币 rénmínbì • 명 인민폐

□ 兑换单 duìhuàndān • 명 (은행에서) 환전을 할 때 쓰는 양식

:: 실전 회화 단어 ①

□ 吹 chuī • 통 불다

□ 大忙人 dàmángrén • 아주 바쁜 사람

□ 闲 xián • 형 한가하다

□ 其实 qíshí • 부 사실은

□ 求 qiú • 통 부탁하다

□ 甩 shuǎi • 통 (연인사이) 차 버리다

□ 瞎 xiā • 부 근거 없이. 함부로

□ 到底 dàodǐ • 부 도대체

□ 借钱 jièqián • 통 돈을 빌리다

□ 准备 zhǔnbèi • 조동 …할 계획(작정)이다

□ 还 huán • 통 돌려주다

□ 拿得出来 ná de chū lái • 통 (돈을) 지불할 수 있다

□ 痛快 tòngkuai • 형 통쾌하다

:: 실전 회화 단어 ②

□ 嫂子 sǎozi • 명 형수

□ 家庭主妇 jiātíng zhǔfù • 명 가정주부

□ 看孩子 kān háizi • 아이를 돌보다

□ 婆婆 pópo • 명 시어머니

□ 欧洲 Ōuzhōu • 명 유럽

□ 老太太 lǎotàitai • 명 노부인

□ 享受 xiǎngshòu • 통 향수하다. 누리다

□ 正经 zhèngjing • 형 진지한. 바른

□ 跟…说一声 gēn…shuō yì shēng • …에게 말하다

□ 做主 zuòzhǔ • 통 결정권을 가지다

□ 打保票 dǎ bǎopiào • 보증하다. 단언하다

□ 能耐 néngnài • 명 능력

□ 考验 kǎoyàn • 통 시험하다

□ 这还差不多 zhè hái chà bu duō • (우리가 어떤 사이인데) 그 정도는 해줘야지

□ 消息 xiāoxi • 명 소식

기본 회화

A 您 存钱 还是 取钱？
Nín cúnqián háishi qǔqián?

B 取钱。
Qǔqián.

A 请 您 先 填 写 一下 取款单，然后 再 到 8 号 窗口 去
Qǐng nín xiān tián xiě yíxià qǔkuǎndān, ránhòu zài dào bā hào chuāngkǒu qù

办理。
bànlǐ.

B 谢谢！
Xièxie！

회화 연습

寄 快件 —— 寄 慢件 —— 包裹单
jì kuàijiàn jì mànjiàn bāoguǒdān

换 美元 —— 换 人民币 —— 兑换单
huàn měiyuán huàn rénmínbì duìhuàndān

Ⓐ : 什么风把你吹来了？

Ⓑ : 今天你有没有时间？我想请你喝酒。

Ⓐ : 你这个大忙人今天怎么这么闲啊？一定是有什么事儿。

Ⓑ : 叫你猜对了，其实我是想求你件事儿。

Ⓐ : 什么事儿？

Ⓑ : 走吧，我们先去喝酒，一会儿我再告诉你。

Ⓐ : 是不是被女朋友甩了？

Ⓑ : 不是，你别瞎猜了。

Ⓐ : 那到底是什么事儿？

Ⓑ : 我想跟你借点儿钱。

Ⓐ : 借钱？干什么？

Ⓑ : 我想买套房子，还差那么一点儿。

Ⓐ : 准备结婚，是不是？

Ⓑ : 是的，你能不能借我一千万？一年以后我一定还你。

Ⓐ : 如果借五、六千万我是没有，一千万么，还拿得出来。

Ⓑ : 没想到你这么痛快，那就多谢了。

Ⓐ : 哥, 嫂子最近忙不忙?

Ⓑ : 她一个家庭主妇有什么可忙的。

Ⓐ : 那能不能让我嫂子帮我看两天孩子?

Ⓑ : 怎么不找你婆婆啊?

Ⓐ : 我婆婆去欧洲旅行了。

Ⓑ : 去欧洲了? 这老太太还挺会享受的呢。

Ⓐ : 哥, 说正经的, 你能不能帮我跟嫂子说一声?

Ⓑ : 这事儿, 我可不敢做主, 还是你跟她直接说吧。

Ⓐ : 我可不好意思跟她说。

Ⓑ : 那我回家跟她说说看, 不过我可不敢打保票。

Ⓐ : 这就要看你的能耐了。

Ⓑ : 你是在考验我啊?

Ⓐ : 没有没有, 我是在求你帮忙。

Ⓑ : 这还差不多。

Ⓐ : 哥, 我等着你的好消息。

Ⓑ : 知道了。

一个男人有了女朋友之后

1. 有女朋友之前，我的工资可以存一半；有女朋友之后，我的工资总是不够用，有时候还得借外债。

2. 有女朋友之前，偶尔打扫一下房间，有女朋友之后，几乎每天都打扫房间。

3. 有女朋友之前，我只去男士专柜买衣服，有女朋友之后，我经常到女士专柜给女朋友买衣服。

4. 有女朋友之前，朋友们有事，我随叫随到；有女朋友之后，朋友们有事，我无影无踪。

5. 有女朋友之前，邻居的小男孩儿见了我叫我哥哥；有女朋友之后，小男孩儿见了我们，叫我叔叔，叫她姐姐。

6. 有女朋友之前，我只记得我自己的生日；有女朋友之后，我得记她和她父母的生日，结果，我忘了自己的生日。

프리토킹 단어

之后 zhīhòu • …후, …다음	几乎 jīhū • 거의
之前 zhīqián • …전	男士 nánshì • 신사
工资 gōngzī • 임금	女士 nǚshì • 숙녀
存 cún • 저금하다	专柜 zhuānguì • 전문 판매대
一半 yíbàn • 절반	随叫随到 suí jiào suí dào • 부르면 곧 오다
外债 wàizhài • 외채	无影无踪 wú yǐng wú zōng • 종적이 없다
不够 búgòu • 모자라다, 부족하다	邻居 línjū • 이웃
偶尔 ǒu'ěr • 이따금, 간혹	记得 jìde • 기억하고 있다

문법 해설

1 회화에서 자주 쓰는 비유의 표현

什么风把你吹来了? 무슨 바람이 불어서 여기까지 왔어?
(예상하지 않았던 친구가 집이나 사무실로 찾아왔을 때 쓰는 표현)

今天太阳从西边升起来了?
오늘 해가 서쪽에서 떴냐? (예상하지 못했던 행동을 할 때 쓰는 표현)

你是不是吃错药了? 너 뭐 잘못 먹었어? (이상한 행동을 할 때 쓰는 표현)

你不要打肿脸充胖子。 없으면서 있는 척 하지마.

2 "叫"의 사역의 의미

'叫'는 '…하게 하다' 라는 뜻으로 사역의 의미로 겸어문에 많이 쓰인다.

叫你猜对了。 네가 알아맞혔어.

叫人为难。 사람을 난처하게 만들다.

你现在才告诉我, 叫我怎么办?
이제서야 나에게 알려주면, 나더러 어떻게 하란 말이야?

3 "瞎"의 용법

'瞎'는 회화에서 쓰는 말로써, '瞎 + 동사'의 형식으로 '마구' 혹은 '근거 없이 …하다' 라는 뜻을 나타내다.

你别瞎猜了。 함부로 추측하지 마라.

你瞎说什么呀。 허튼 소리를 하네.

我们别瞎走了, 还是问一下路吧。
무턱대고 걷지 말고 길을 좀 물어 보는 게 좋을 것 같다.

4 "一声"의 용법

'一声'은 회화에서 쓰는 말이며, 누구에게 어떤 부탁을 하는 말소리를 가리킨다.

帮我跟嫂子说一声。 형수님께 부탁 좀 해봐.

你告诉他一声。 그에게 좀 알려줘.

你走的时候叫我一声。 네가 갈 때 나를 불러.

chēng zhòngliàng

称 重量

무게를 재다

tiē yóupiào

贴 邮票

우표를 붙이다

bāozhuāng

包装

포장하다

dàikuǎn

贷款

대출하다

kāi zhànghù

开 帐户

계좌를 개설하다

bàn xìnyòngkǎ

办 信用卡

신용카드를 신청하다

fēnqī fùkuǎn

分期 付款

할부

shūrù mìmǎ

输入 密码

비밀번호를 입력하다

pòchǎn

破产

파산하다

❶ 存钱 cúnqián : _____예금 통장, _____존재하다, _____재고품, _____예금(하다)

▶▶▶
- ⓐ 存在 cúnzài
- ⓑ 存货 cúnhuò
- ⓒ 存折 cúnzhé
- ⓓ 存款 cúnkuǎn

❷ 窗口 chuāngkǒu : _____입구. 현관, _____인구, _____핑계, _____개찰구

▶▶▶
- ⓐ 门口 ménkǒu
- ⓑ 检票口 jiǎnpiàokǒu
- ⓒ 人口 rénkǒu
- ⓓ 借口 jièkǒu

❸ 失恋 shīliàn : _____잠을 이루지 못하다, _____실업(하다), _____실패(하다), _____실례하다

▶▶▶
- ⓐ 失败 shībài
- ⓑ 失眠 shīmián
- ⓒ 失业 shīyè
- ⓓ 失礼 shīlǐ

❹ 外债 wàizhài : _____외국어, _____외교, _____외출하다, _____외국

▶▶▶
- ⓐ 外交 wàijiāo
- ⓑ 外语 wàiyǔ
- ⓒ 外国 wàiguó
- ⓓ 外出 wàichū

❺ 房子 fángzi : _____집주인, _____방, _____부동산, _____집세

▶▶▶
- ⓐ 房间 fángjiān
- ⓑ 房东 fángdōng
- ⓒ 房地产 fángdìchǎn
- ⓓ 房租 fángzū

서술하기 연습

坑 kēng 구덩이

어휘력 테스트

🕸 다른 색으로 표기되어 있는 단어와 가장 비슷한 뜻을 가진 단어를 보기 중에서 골라보세요.

❶ 你这个大忙人今天怎么这么闲啊?

    ⓐ 没空儿   ⓑ 休闲   ⓒ 有空儿   ⓓ 闲聊

❷ 我想求你件事儿。

    ⓐ 要求   ⓑ 拜托   ⓒ 请求   ⓓ 托付

❸ 是不是被女朋友甩了?

    ⓐ 分手   ⓑ 吹   ⓒ 踢   ⓓ 蹋

❹ 她一个家庭主妇有什么可忙的。

    ⓐ 有忙的   ⓑ 还能忙什么   ⓒ 有忙的   ⓓ 不忙

❺ 那能不能让我嫂子帮我看两天孩子?

    ⓐ 照看   ⓑ 看望   ⓒ 关照   ⓓ 照顾

❻ 这事儿, 我可不敢做主, 还是你跟她直接说吧。

    ⓐ 算数   ⓑ 说了算   ⓒ 做主人   ⓓ 拿不定主意

❼ 那我回家跟她说说看, 不过我可不敢打保票。

    ⓐ 肯定   ⓑ 不保证   ⓒ 保障   ⓓ 一定

🌀 아래의 예문을 잘 읽어 보고 순서를 재 배열하여 이야기를 꾸며 보세요.

01. 关于李白之死大概有三种说法(shuōfǎ, 견해)

02. 61岁的李白前往(qiánwǎng, 가다)战场(zhànchǎng, 싸움터)，但因病中途(zhōngtú, 중도)返回(fǎnhuí, 돌아오다)，第二年病死(bìngsǐ, 병사하다)于当涂

03. 据说(jùshuō, 듣건대)当时李白在江上饮酒，因醉跳入(tiàorù, 뛰어들다)水中捞月(lāoyuè, 달을 건지다)而溺死(nìsǐ, 익사하다)

04. 第二种死法见于其他正史(zhèngshǐ, 정사)或专家学者的考证(kǎozhèng, 고증하다)之说

05. 他的诗 "诗中有酒, 酒中有诗。"

06. 一是醉死(zuìsǐ, 취해서 죽다)，二是病死，三是溺死

07. 然而，李白究竟(jiūjìng, 도대체)是怎么死的呢

08. 第一种死法(sǐfǎ, 죽는 법)见于《旧唐书》，说李白 "以(yǐ, …때문에)饮酒过度(guòdù, 과도하다)，醉死于宣城(Xuānchéng, 지명)"

09. 李白爱酒，也爱月、爱狂，李白一生嗜酒成性(shì jiǔ chéng xìng, 술을 즐기는 게 버릇이 되다)是出名(chūmíng, 이름이 나다)的

10. 唐代诗人李白，公元762死于今安徽当涂，享年(xiángnián, 향년)六十二岁

11. 第三种死法见于民间传说，极富(fù, 풍부하다)浪漫色彩

순서 ▶ _____

11 我的电脑染上病毒了。

제 컴퓨터가 바이러스에 감염되었습니다.

∷ 기본 회화 단어

□ 不是…就是… búshì…jiùshì… • …하지 않으면 …하다

□ 放松 fàngsōng • 동 (스트레스 · 긴장)을 풀다

□ 遍 biàn • 양 번. 회

□ 静 jìng • 형 조용하다

□ 动 dòng • 동 움직이다

□ 怪不得 guàibude • 부 그러기에. 어쩐지

□ 网上聊天儿 wǎng shàng liáotiānr • 인터넷 채팅을 하다

∷ 실전 회화 단어 ①

□ 资料 zīliào • 명 자료

□ 弄 nòng • 동 하다. 만들다

□ 染上 rǎnshàng • 동 감염되다

□ 病毒 bìngdú • 명 바이러스

□ 怎么搞的 zěnme gǎo de • 어떻게 된거야

□ 关键 guānjiàn • 명 관건. 키포인트

□ 时刻 shíkè • 명 시각. 시간

□ 出错 chūcuò • 동 실수를 하다. 문제가 생기다

□ 重新 chóngxīn • 부 다시. 재차

□ 样品 yàngpǐn • 명 견본

□ 客户 kèhù • 명 고객. 거래처

□ 宝马 Bǎomǎ • 명 BMW 승용차

□ 安全 ānquán • 명 형 안전(하다)

□ 顺便 shùnbiàn • 부 …하는 김에

□ 扔 rēng • 동 (차를 얻어 탈 때) 내려주다

□ 市厅 shìtīng • 명 시청

∷ 실전 회화 단어 ②

□ 字体 zìtǐ • 명 1. 서체 2. 글자의 형상

□ 行间距 hángjiānjù • 명 행간

□ 排版 páibǎn • 동 편집 배열을 하다

□ 满 mǎn • 형 가득 차 있다

□ 感觉 gǎnjué • 동 느끼다

□ 封面 fēngmiàn • 명 표지

□ 设计 shèjì • 명 동 설계(하다). 디자인(하다)

□ 说得过去 shuō de guòqù • 명 그런대로 괜찮다

□ 嘞 lei • 조 경쾌한 어기를 나타냄

□ 多面手 duōmiànshǒu • 명 만능인 사람

□ 逼出来 bī chulai • 궁지에 몰려 어떤 일을 하게되다

□ 谦虚 qiānxū • 형 겸허하다

□ 事实 shìshí • 명 사실

□ 佩服 pèifu • 동 감탄하다. 탄복하다

□ 向 xiàng • 전 …에게

□ …还来不及呢 …hái lái bu jí ne • 동사나 형용사 뒤에 쓰여 '아주 …하다' 라는 뜻을 나타냄

□ 夸 kuā • 동 칭찬하다

□ 印象 yìnxiàng • 명 인상

□ 傲慢 àomàn • 형 오만하다

□ 相处 xiāngchǔ • 동 함께 지내다

□ 喜欢上 xǐhuan shang • 좋아하게 되다

Ⓐ 你 又 在 玩儿 游戏 呢?
Nǐ yòu zài wánr yóuxì ne?

Ⓑ 不 是 在 玩儿 游戏, 是 在 看 电影。
Bú shì zài wánr yóuxì, shì zài kàn diànyǐng.

Ⓐ 你 每天 上网 不是 玩儿 游戏, 就是 看 电影。
Nǐ měitiān shàngwǎng búshì wánr yóuxì, jiùshì kàn diànyǐng.

Ⓑ 放松 一下 也 不 行 吗?
Fàngsōng yíxià yě bù xíng ma?

Ⓐ 当然 可以, 不过 我 觉得 你 应该 换 一 种 方式。
Dāngrán kěyǐ, búguò wǒ juéde nǐ yīnggāi huàn yì zhǒng fāngshì.

Ⓑ 又 让 我 出去 运动, 对 不 对? 我 跟 你 说 过 多少 遍
Yòu ràng wǒ chūqu yùndòng, dùi bu duì? Wǒ gēn nǐ shuō guo duōshao biàn

了, 我 喜欢 静, 不 喜欢 动。
le, wǒ xǐhuan jìng, bù xǐhuan dòng.

Ⓐ 怪不得 你 这么 胖。
Guàibude nǐ zhème pàng.

회화 연습

网 上 聊天儿 —— 听 音乐
wǎng shàng liáotiānr tīng yīnyuè

Ⓐ : 我让你打的资料还没弄完啊?

Ⓑ : 不好意思, 我的电脑好像染上病毒了。

Ⓐ : 怎么搞的? 关键时刻总是出错。

Ⓑ : 我先找人修理一下电脑, 等修好了我再重新打。

Ⓐ : 不用了, 这事儿你可以交给小金做, 你呢, 去一趟工厂。

Ⓑ : 好的。

Ⓐ : 你先把这个样品送到工厂, 然后再去机场接一个客户。

Ⓑ : 那我开什么车去?

Ⓐ : 今天要来的客户是一个很重要的客户, 你开宝马去吧。

Ⓑ : 钥匙在谁那里?

Ⓐ : 你跟李科长要, 开车的时候一定要注意安全啊。

Ⓑ : 您放心吧, 我已经开了十年车了。

Ⓐ : 那我们现在就出发吧。

Ⓑ : 你也去啊?

Ⓐ : 我不去, 你去工厂的时候, 顺便把我扔到市厅。

Ⓑ : 好的, 那我去把车开过来, 你在门口等我吧。

Ⓐ : 字体是不是太小了？

Ⓑ : 是有点儿小，再大一点儿会更好看。

Ⓐ : 好的，行间距小不小？

Ⓑ : 行间距不小，不过我觉得排版排得太满了。

Ⓐ : 是吗？我天天看都没感觉了。

Ⓑ : 封面是谁设计的？

Ⓐ : 都是我弄的，怎么样？还说得过去吧？

Ⓑ : 不是说得过去，是很好嘞！你可真是多面手。

Ⓐ : 都是被逼出来的。

Ⓑ : 你怎么这么谦虚啊？

Ⓐ : 不是谦虚，是事实呀。

Ⓑ : 你这种谦虚的性格，让我非常佩服，这一点我得向你学。

Ⓐ : 你可别跟我学，你那种自信心，我羡慕还来不及呢。

Ⓑ : 我好像很长时间没听到别人夸我了。

Ⓐ : 你给人的第一印象很傲慢，不过相处时间长了都会喜欢上你的。

Ⓑ : 男人喜欢我有什么用？得有女人喜欢才行。

Ⓐ : 喜欢的女人只有一个就可以了，多了就头疼喽。

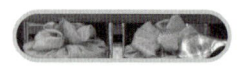

1 "不是⋯⋯, 是⋯⋯"의 용법

'不是⋯⋯, 是⋯⋯'는 'A가 아니라, B이다' 라는 뜻을 나타낸다.

不是在玩儿游戏，是在看电影。
오락을 하고 있는 것이 아니라, 영화를 보고 있단 말이야.

不是我，是他。 제가 아니고 저 사람입니다.

不是我不告诉你，是他不让我告诉你。
내가 안 알려주는 게 아니고 그 사람이 못 알려주게 해.

2 "不是⋯⋯就是⋯⋯"의 용법

'不是⋯⋯就是⋯⋯'는 'A를 하지 않으면, B를 한다', 즉 A와 B중 하나는 꼭 한다는 뜻이다.

你每天上网不是玩儿游戏，就是看电影。
넌 매일 인터넷으로 오락을 하지 않으면 영화를 보잖아.

每个周末他不是去钓鱼就是去登山。
그는 매주 주말에 낚시하러 가지 않으면 등산하러 간다.

下了班回到家以后，他不是看报纸就是看电视，从来不帮我做家务。
퇴근해서 집에 돌아오면 그는 신문을 보지 않으면 TV를 본다. 지금까지 나를 거들어 가사일을 한 적이 없었다.

3 "上"의 용법

'上'은 동사 뒤에 쓰여 '⋯하게 되다' 라는 뜻을 나타낸다.

'동사 + 上'

染上病毒了。 바이러스에 감염되었다.

爱上她了。 그녀를 사랑하게 되었다.

你怎么又喝上酒了? 너 왜 또 술을 마시기 시작한 거야?

4 "……过去"를 사용한 몇 가지 관용어

说得过去。 봐 줄만 하다. 논리적이다. 사리에 맞다.

说不过去。 말이 안 된다. 논리적이지 않다. 사리에 맞지 않는다.

看得过去。 비교적 괜찮다. 마음에 든다.

看不过去。 참을 수 없다. 못 봐 주겠다.

5 "出来"의 파생적 의미

'出来'는 동사 뒤에 쓰여 어떤 일에 몰두하여 오래하다 보니 아주 잘한다는 뜻을 나타낸다.

逼出来的。 긍지에 처해 하다 보니 이젠 잘 할 수 있었던 거야.

练出来的。 연습을 많이 하다 보니 이젠 잘 할 수 있었던 거야.

这把刀已经使出来了。 이 칼은 오랫동안 사용하여 이미 손에 익었다.

6 "……还来不及呢"의 용법

'……还来不及呢'는 긍정적 형용사나 동사 뒤에 쓰여 '아주 …하다' 라는 뜻을 나타낸다.

我羡慕还来不及呢。 나는 네가 너무 부럽다.

我高兴还来不及呢。 나는 너무 기쁘다.

调 查 报 告

调查人：_____   被调查人：_____

问　　题	回答
1. 你每天打几个小时的电脑？	
2. 你在网上玩过带赌博(dǔbó, 도박)性质的游戏吗？赢钱了还是输钱了？赢了多少？/输了多少？	
3. 你在网上看过黄色录像吗？看过几次？你爱人看不看？	
4. 你喜欢在网上买东西吗？为什么？	
5. 你会在网上下载(xiàzài, 다운로드하다)音乐和彩铃吗？	
6. 你喜欢在网上聊天儿吗？你一般跟什么样的人聊天？你有多少网友(wǎngyǒu, 채팅 친구)？你有没有异性(yìxìng, 이성)网友？	
7. 你喜欢在网上发表(fābiǎo, 발표하다)你的意见吗？	
8. 你喜欢上网看新闻(xīnwén, 뉴스)吗？	

어휘 플러스

❶ 放松 : _____마음을 놓다, _____포기하다, _____방목하다, _____방화하다
fàngsōng

▶▶▶
- ⓐ 放心 fàngxīn
- ⓑ 放牧 fàngmù
- ⓒ 放弃 fàngqì
- ⓓ 放火 fànghuǒ

❷ 男士 : _____신사, _____전사, _____간호사, _____여사
nánshì

▶▶▶
- ⓐ 女士 nǚshì
- ⓑ 绅士 shēnshì
- ⓒ 战士 zhànshì
- ⓓ 护士 hùshi

❸ 病毒 : _____병가, _____병상, _____병의 증세, _____병의 원인
bìngdú

▶▶▶
- ⓐ 病床 bìngchuáng
- ⓑ 病假 bìngjià
- ⓒ 病因 bìngyīn
- ⓓ 病症 bìngzhèng

❹ 出错 : _____출판하다, _____출입하다, _____출중하다, _____사고가 발생하다
chūcuò

▶▶▶
- ⓐ 出版 chūbǎn
- ⓑ 出众 chūzhòng
- ⓒ 出事 chūshì
- ⓓ 出入 chūrù

❺ 重要 : _____중점, _____중대하다, _____중량, _____중시하다
zhòngyào

▶▶▶
- ⓐ 重大 zhòngdà
- ⓑ 重点 zhòngdiǎn
- ⓒ 重量 zhòngliàng
- ⓓ 重视 zhòngshì

서술하기 연습

手纸 shǒuzhǐ 휴지

12 你找到工作了吗?

일자리를 찾으셨습니까?

기본 회화 단어

- **假期** jiàqī • 몡 휴가 기간. 방학 때
- **悠闲** yōuxián • 혱 유한하다. 유유하다
- **利用** lìyòng • 동 이용하다
- **赚** zhuàn • 동 (돈을) 벌다
- **平时** píngshí • 몡 평소
- **下学期** xià xuéqī • 몡 다음 학기
- **学费** xuéfèi • 몡 학비
- **生活费** shēnghuófèi • 몡 생활비

실전 회화 단어 ①

- **履历** lǚlì • 몡 이력서
- **递** dì • 동 넘겨주다. 전해주다
- **份儿** fènr • 양 부. 통
- **衣帽** yīmào • 몡 의복과 모자
- **整洁** zhěngjié • 혱 단정하고 깨끗하다
- **整容手术** zhěngróng shǒushù • 몡 성형 수술
- **地步** dìbù • 몡 지경. 처지
- **长** zhǎng • 동 성장하다. 생기다
- **帅** shuài • 혱 영준하다. 멋지다
- **戴眼镜** dài yǎnjing • 안경을 쓰다
- **八字没一撇** bā zì méi yì piě • 아직 (어떻게 될지) 윤곽이 잡히지 않는다
- **好事多磨** hǎo shì duō mó • 솅 좋은 일에는 방해가 많기 마련이다

留意 liúyì • 동 마음에 두다(새기다)

- **…着点儿** … zhe diǎnr • 동사 뒤에서 명령의 뜻을 나타냄

실전 회화 단어 ②

- **局长** júzhǎng • 몡 국장
- **伺候** cìhou • 동 시중을 들다
- **调** diào • 동 파견하다. 전근시키다
- **处** chǔ • 동 다른 사람과 함께 지내다
- **没得说** méi de shuō • 네 것 내 것 안 따지는 아주 친한 사이를 가리킴
- **为人处事** wéi rén chǔ shì • 인간성과 일 처리
- **人际关系** rénjì guānxi • 몡 인간 관계
- **作风** zuòfēng • 몡 태도. 품행
- **实在** shízài • 뷔 참으로. 정말
- **让** ràng • 젠 …에 의해
- **难以接受** nán yǐ jiēshòu • 받아 들이기 힘들다
- **下属** xiàshǔ • 몡 부하. 아랫사람
- **着急** zháojí • 동 조급해하다
- **慢慢儿来** mànmānr lái • 천천히 합시다
- **未** wèi • 뷔 …이 아니다
- **支** zhī • 양 (담배)개비. 자루
- **工夫** gōngfu • 몡 틈. 여가
- **继续** jìxù • 몡 동 계속(하다)

기본 회화

Ⓐ 小张, 假期 你 不 去旅游 啊?
Xiǎozhāng, jiàqī nǐ bú qù lǚyóu a?

Ⓑ 我 没 你 那么 悠闲, 我 得 利用 这 个 假期 打工 赚钱。
Wǒ méi nǐ nàme yōuxián, wǒ děi lìyòng zhè ge jiàqī dǎgōng zhuànqián.

Ⓐ 你 平时 打工 不 是 赚 了 不 少 钱 吗? 怎么? 还 没 赚
Nǐ píngshí dǎgōng bú shì zhuàn le bù shǎo qián ma? Zěnme? Hái méi zhuàn

够 下 学期 的 学费 吗?
gòu xià xuéqī de xuéfèi ma?

Ⓑ 学费 是 够 了, 生活费 还是 不 够。
Xuéfèi shì gòu le, shēnghuófèi háishi bú gòu.

회화 연습

回 老家
huí lǎojiā

参加 英语 学习班
cānjiā Yīngyǔ xuéxíbān

Ⓐ：你找到工作了没有？

Ⓑ：还没有。

Ⓐ：你得多递履历才行。

Ⓑ：我已经递了二十多份儿了。

Ⓐ：告诉你一个好消息，有一个公司通知我去面试了。

Ⓑ：是吗？太好了，这次你可得好好准备准备。

Ⓐ：我都不知道应该准备些什么。

Ⓑ：首先衣帽一定要整洁。

Ⓐ：这我知道。

Ⓑ：听说还有人去做整容手术呢。

Ⓐ：我还不至于做整容手术的地步吧？

Ⓑ：那当然，你长得挺帅的，就是眼睛有点儿小。

Ⓐ：那没事儿，戴上眼镜就好了。

Ⓑ：哎呀，老兄，我怎么办啊？我还八字没一撇呢。

Ⓐ：别担心，好事多磨嘛。

Ⓑ：你也帮我留意着点儿。

실전 회화 ②

Ⓐ : 新来的局长特难伺候。

Ⓑ : 原来的那位张局长呢?

Ⓐ : 调到别的部门去了。

Ⓑ : 我记得你跟那位张局长关系处得挺好的。

Ⓐ : 我跟张局长是没得说。

Ⓑ : 你那么会为人处世, 估计不会有什么问题。

Ⓐ : 人际关系嘛, 我倒是有信心, 可是他的工作作风实在是让人难以接受。

Ⓑ : 作为下属职员, 只能是你适应领导, 而不可能让领导适应你。

Ⓐ : 这点儿道理我怎么能不知道呢? 可是有时候我真的受不了。

Ⓑ : 别着急, 慢慢儿来。

Ⓐ : 欸, 有一个未接电话, 我怎么没听见呢? 是我们局长。

Ⓑ : 那你快回办公室去吧。

Ⓐ : 我们这个局长啊, 连抽支烟的工夫都不给。

Ⓑ : 快回去工作吧, 我们以后再聊儿。

Ⓐ : 那过一会儿我们在MSN上继续聊。

Ⓑ : 好的。

请你在下列空格(kònggé, 빈 칸)中写出你想写的任意(rènyì, 임의)年代

1 동사 "够"의 용법

(1) 동사 + 够

我已经赚够了学费。 나는 이미 학비를 충분히 벌었다.
我吃够了。 나 충분히 먹었다.

(2) 够 + 동사

够用了。 쓰기에 충분하다.
够吃吗? 먹기에 충분하니?

(3) 够 + 명사

这篇论文够水平。 이 논문은 수준이 있다.

2 "该……了"의 용법

'该……了'는 '…할 때가 되었다'라는 뜻을 나타낸다.

够 + 동사 + 了

我都23岁了，该自立了。 내가 벌써 23살인데, 자립할 때가 되었잖아.
时间不早了，我该走了。 시간이 이르지 않네요, 저 가봐야겠습니다.

3 "不至于"의 용법

'不至于'는 '…하지는 않겠지' 혹은 '…한 정도는 아니다'라는 뜻으로 화자가 원하지 않는 일을 나타낸다. '不至于' 뒤에는 일반적으로 동사구가 목적어로 오지만 목적어가 오지 않을 때도 있다.

我还不至于做整容手术的地步吧? 내가 성형수술을 할 정도는 아니지?
他已经答应了我们，不至于不来吧?
그는 이미 우리에게 약속을 했으니 안 오지는 않겠죠?
你说他会输，我看不至于。
당신은 그가 질 거라고 하지만 제 생각엔 그렇지 않을 것 같습니다.

그림으로 배우는 중국어

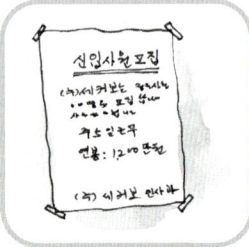

zhāopìn xīnzhíyuán
招聘 新职员
신입사원을 모집하다

tōngguò le
通过 了
합격했다

dēng guǎnggào
登 广告
광고를 내다

yuèxīn
月薪
월급

jiǎngjīn
奖金
보너스

jiābānfèi
加班费
잔업 수당

qiān hétong
签合同
계약서에 조인하다

niánxīnzhì
年薪制
연봉제

yǎnglǎo bǎoxiǎnjīn
养老 保险金
노후 보험금

어휘 플러스

❶ 利用 : _____이기주의, _____이익, _____이자, _____이윤
lìyòng

>>> ⓐ 利息 lìxī ⓑ 利润 lìrùn ⓒ 利益 lìyì ⓓ 利己主义 lìjǐzhǔyì

❷ 消息 : _____소화하다, _____소독하다, _____소염하다, _____소비하다
xiāoxi

>>> ⓐ 消毒 xiāodú ⓑ 消费 xiāofèi ⓒ 消化 xiāohuà ⓓ 消炎 xiāoyán

❸ 通知 : _____통상하다, _____통속적이다, _____통관하다, _____통과되다
tōngzhī

>>> ⓐ 通过 tōngguò ⓑ 通俗 tōngsú ⓒ 通商 tōngshāng ⓓ 通关 tōngguān

❹ 面试 : _____낯익다, _____체면, _____면전, _____면모
miànshì

>>> ⓐ 面貌 miànmào ⓑ 面前 miànqián ⓒ 面子 miànzi ⓓ 面熟 miànshú

❺ 担心 : _____담당하다, _____들것, _____담보하다, _____담임하다
dānxīn

>>> ⓐ 担保 dānbǎo ⓑ 担当 dāndāng ⓒ 担架 dānjià ⓓ 担任 dānrèn

어휘력 테스트

◈ 다른 색으로 표기되어 있는 단어와 가장 비슷한 뜻을 가진 단어를 보기 중에서 골라보세요.

❶ 我没你那么悠闲，我得利用这个假期打工赚钱。

    ⓐ 赔钱   ⓑ 存钱   ⓒ 攒钱   ⓓ 挣钱

❷ 我还不至于做整容手术的地步吧。

    ⓐ 地位   ⓑ 程度   ⓒ 一步   ⓓ 地方

❸ 我跟张局长是没得说。

    ⓐ 不说话   ⓑ 没有话说   ⓒ 关系很好   ⓓ 没说好

❹ 你也帮我留意着点儿。

    ⓐ 关心   ⓑ 想   ⓒ 看   ⓓ 注意

❺ 那当然，你长得挺帅的，就是眼睛有点儿小。

    ⓐ 爽   ⓑ 好   ⓒ 英俊   ⓓ 漂亮

❻ 这点儿道理我怎么能不知道呢？可是有时候我真的受不了。

    ⓐ 不懂   ⓑ 懂   ⓒ 不知   ⓓ 理解

❼ 你瞧瞧，我们这个局长啊，连抽支烟的工夫都不给。

    ⓐ 小时   ⓑ 时间   ⓒ 自由   ⓓ 时候

서술하기 연습

游泳池 yóuyǒngchí 수영장

吹哨儿 chuīshàor 호루라기를 불다

吓了一跳 xià le yí tiào 깜짝 놀라다

13 不能半途而废。

중도에 그만두시면 안 됩니다.

기본 회화 단어

- 钢琴 gāngqín · 명 피아노
- 枯燥 kūzào · 형 무미건조하다
- 放弃 fàngqì · 통 포기하다
- 无论 wúlùn · 접 …에 관계없이
- 坚持到底 jiānchí dào dǐ · 끝까지 견지하다
- 半途而废 bàn tú ér fèi · 성 중도에서 그 만두다
- 恒心 héngxīn · 명 변함없는 마음. 항심
- 毅力 yìlì · 명 끈기
- 高尔夫球 gāo'ěrfūqiú · 명 골프(공)
- 耐力 nàilì · 명 인내력. 지구력

실전 회화 단어 ①

- 吉他 jíta · 명 (악기)기타
- 弹 tán · 통 (피아노 · 기타 등을) 연주하다
- 一段时间 yí duàn shíjiān · 한동안
- …来着 …láizhe · 조 …을 하고 있었다
- 坚持 jiānchí · 통 견지하다. 끝까지 버티다
- 边…边… biān…biān… · 접 …하면서 …하다
- 首 shǒu · 양 (시 · 노래 따위의) 수
- 流行音乐 liúxíng yīnyuè · 명 유행 음악
- 古典音乐 gǔdiǎn yīnyuè · 명 고전 음악
- 名曲 míngqǔ · 명 명곡
- 后悔 hòuhuǐ · 통 후회하다
- 这一阵子 zhè yízhènzi · (구어) 지금. 현재

- 会计师 kuàijìshī · 명 회계사

실전 회화 단어 ②

- 新项目 xīn xiàngmù · 명 새프로젝트
- 上新项目 shàng xīn xiàngmù · 새프로젝트를 개설하다
- 上电视 shàng diànshì · 텔레비전에 나오다
- 小姜 Xiǎo Jiāng · 명 샤오쨩
- 辞职 cízhí · 통 사직하다
- 差点儿 chàdiǎnr · 부 하마터면. 자칫하면
- 认出来 rèn chulai · 알아보다
- 看出来 kàn chulai · 분간하다. 간파하다
- 成功 chénggōng · 명 통 성공(하다)
- 飞黄腾达 fēi huáng téng dá · 성 출세 영달이 빠르다. 벼락 출세하다
- 当初 dāngchū · 명 당초. 처음. 이전
- 劝 quàn · 통 충고하다. 설득하다
- 一般人 yìbānrén · 명 보통 사람
- 当 dāng · 통 …이 되다
- 企业家 qǐyèjiā · 명 기업가
- 材料 cáiliào · 명 1. 인재 2. 재료
- 可惜 kěxī · 부 아깝게도
- 错过 cuòguò · 통 (기회 등을) 놓치다
- 良好 liánghǎo · 형 양호하다. 좋다
- 时机 shíjī · 명 시기
- 模棱两可 mó léng liǎng kě · 성 애매모호하다

 **기본 회화**

Ⓐ 你 钢琴 学 得 怎么样 了?
Nǐ gāngqín xué de zěnmeyàng le?

Ⓑ 刚 学 了 一 个 月, 觉得 太 枯燥, 所以 就 放弃 了。
Gāng xué le yí ge yuè, juéde tài kūzào, suǒyǐ jiù fàngqì le.

Ⓐ 无论 做 什么 事情, 一定 要 坚持 到 底, 不 能 半 途
Wúlùn zuò shénme shìqing, yídìng yào jiānchí dào dǐ, bù néng bàn tú

而 废。
ér fèi.

Ⓑ 哎, 我 这 个 人 就是 没 有 恒心。
Āi, wǒ zhè ge rén jiùshì méi yǒu héngxīn.

회화 연습

汉 学
语 习

学 汉语 —— 没 意思 —— 毅力
xué Hànyǔ méi yìsi yìlì

打 高尔夫球 —— 难 —— 耐力
dǎ gāo'ěrfūqiú nán nàilì

143

Ⓐ : 今天你去不去学吉他了？

Ⓑ : 我早不学了。

Ⓐ : 为什么呀？你原来不是挺感兴趣的吗？

Ⓑ : 最近太忙了，而且我觉得太难。

Ⓐ : 有一段时间我也想放弃来着，但我还是坚持下来了。

Ⓑ : 那你现在弹得怎么样了？

Ⓐ : 我能边弹边唱了。

Ⓑ : 真的？那你现在能不能给我弹一首啊？

Ⓐ : 可以呀，你想听流行音乐还是古典音乐？

Ⓑ : 什么都可以。

Ⓐ : 好，那我给你弹一首世界名曲。

Ⓑ : 你连世界名曲都能弹了？我真后悔没能坚持到底。

Ⓐ : 你现在学也来得及啊!

Ⓑ : 等忙过这一阵子再说吧。

Ⓐ : 你最近在忙什么呢？

Ⓑ : 我在考会计师。

실전 회화 ❷

A : 昨天晚上你看电视了没有？

B : 没有，最近我们上了一个新项目，每天都很晚才回家。

A : 原来在我们公司工作的小姜，你还记得吧？

B : 你说的是哪个小姜？

A : 就是五年前辞职的那个小姜啊。

B : 噢，想起来了，我还跟他在一个部门工作过呢，他怎么了？

A : 他上电视了，我差点儿没认出他来。

B : 看样子他是成功了。

A : 他现在可是飞黄腾达了。

B : 是吗？当初他辞职的时候我还劝过他呢。

A : 我早就看出来他不是一般人了。

B : 你那么会看人，那你看看我是不是个当企业家的料儿？

A : 你呢，本来是个当企业家的材料，只可惜已经错过了良好的时机。

B : 这种模棱两可的话我也会说。

在无人岛的生活

现在你一个人要去无人岛生活，请你在下边40种东西当中，选择20种东西，并说明理由。

东　西	Check	东　西	Check
1. 锅 guō 냄비		21. 筷子 kuàizi 젓가락	
2. 被子 bèizi 이불		22. 勺儿 sháor 숟가락	
3. 毛毯 máotǎn 담요		23. 手机	
4. 小刀 xiǎodāo 작은 칼		24. 传真机	
5. 指甲刀 zhǐjiadāo 손톱깎이		25. MP3	
6. 剪子 jiǎnzi 가위		26. 挂历 guàlì 달력	
7. 毛巾 máojin 타월		27. 闹钟 nàozhōng 자명종	
8. 香皂 xiāngzào 세수 비누		28. 圆珠笔 yuánzhūbǐ 볼펜	
9. 吹风机 chuīfēngjī 헤어드라이어		29. 铅笔 qiānbǐ 연필	
10. 刮胡刀 guāhúdāo 면도기		30. 手纸 shǒuzhǐ (화장실 용) 휴지	
11. 奶液 nǎiyè 밀크로션		31. 感冒药	
12. 防晒霜 fángshàishuāng 썬크림		32. 运动服	
13. 香水儿 xiāngshuǐr 향수		33. 小说	
14. 吉他		34. 摩托车 mótuōchē 오토바이	
15. 火柴 huǒchái 성냥		35. 自行车	
16. 碗 wǎn 공기, 그릇		36. 照相机	
17. 小狗		37. 手提电脑	
18. 游戏机		38. 镜子 jìngzi 거울	
19. 摄像机 shèxiàngjī 픽업 카메라		39. 垃圾桶 lājītǒng 쓰레기통	
20. 台灯 táidēng 탁상용 스텐드		40. 打火机 dǎhuǒjī 라이터	

문법 해설

1. "无论"의 용법

'无论'은 '…에도 불구하고'라는 뜻으로 어떤 조건에서도 결과나 결론에는 변화가 없음을 나타낸다.

无论做什么事情, 一定要坚持到底。
무슨 일을 하든지 반드시 끝까지 견지해야 한다.

无论有什么事, 大家都愿意找他。
사람들은 무슨 일이 있든지 모두 그사람을 찾기 좋아한다.

2. "来着"의 용법

'来着'는 구말(句末)에 쓰여 '…하고 있었다'라는 뜻으로 어떤 일이 이미 발생했었음을 나타낸다. 구어에 쓰이며, 문장 안의 동사는 '了·过'를 수반할 수 없다.

有一段时间我也想放弃来着。 한동안 나도 포기하려고 했었다.

他刚才还在这儿来着, 现在怎么不见了?
그는 방금 여기에 있었는데, 지금 왜 안 보이지?

3. "下来"의 파생적 의미

'……下来'는 동작이 과거에서부터 지금까지 지속되었음을 나타낸다.

동사 + 下来

我还是坚持下来了。 나는 그래도 끝까지 버텨냈다.

这是古代流传下来的一个故事。
이것은 예부터 전해 내려오는 이야기이다.

4. "过"의 용법

'过'는 '지나다. 경과하다'라는 뜻으로 동사 뒤에 와서 결과보어로 많이 쓰인다.

동사 + 过

只可惜错过了良好的时机。 다만 아쉽게 좋은 시기를 놓쳐 버렸다.

昨天坐火车的时候, 我坐过站了。
어제 기차를 탈 때 역을 지나쳐 버렸다.

我在地铁里睡过站了。 지하철 안에서 자다가 역을 지나쳐 버렸다.

yú zhǎo yú, xiā zhǎo xiā

鱼找鱼,虾找虾

물고기는 물고기를 찾고, 새우는 새우를 찾는다.
끼리끼리 모인다

jiǎo tà liǎng zhī chuán

脚踏两只船

양다리를 걸치다

luàn qī bā zāo

乱七八糟

엉망진창이다. 아수라장이다. 혼잡하다

yì xīn yí yì

一心一意

전심으로. 일편단심으로. 일념으로

huā huā gōngzǐ

花花公子

부잣집의 방탕한 자식. 난봉꾼. 플레이보이

dà shǒu dà jiǎo

大手大脚

돈을 물 쓰듯 쓰다. 돈이나 물건을 마구 헤프게 쓰다

❶ **半途而废** : _____반신 반의, _____피차 일반, _____반숙, _____새 직업을 택하다
bàn tú ér fèi

▶▶▶
ⓐ 半斤八两 ⓑ 半路出家 ⓒ 半信半疑 ⓓ 半生不熟
bàn jīn bā liǎng   bàn lù chū jiā   bàn xìn bàn yí   bàn shēng bù shú

❷ **坚持** : _____단호하다, _____굳게 믿다, _____강하다, _____견고하다
jiānchí

▶▶▶
ⓐ 坚固 ⓑ 坚决 ⓒ 坚强 ⓓ 坚信
jiāngù   jiānjué   jiānqiáng   jiānxìn

❸ **恒心** : _____낙심하다, _____상심하다, _____야심, _____인내성
héngxīn

▶▶▶
ⓐ 耐心 ⓑ 野心 ⓒ 伤心 ⓓ 灰心
nàixīn   yěxīn   shāngxīn   huīxīn

❹ **吉他** : _____길하다, _____길흉, _____지프, _____길일
jíta

▶▶▶
ⓐ 吉日 ⓑ 吉利 ⓒ 吉凶 ⓓ 吉普车
jírì   jílì   jíxiōng   jípǔchē

❺ **流行** : _____유언비어, _____유창하다, _____유통하다, _____유산하다
liúxíng

▶▶▶
ⓐ 流产 ⓑ 流通 ⓒ 流利 ⓓ 流言蜚语
liúchǎn   liútōng   liúlì   liú yán fēi yǔ

어휘력 테스트

⊛ 다른 색으로 표기되어 있는 단어와 가장 비슷한 뜻을 가진 단어를 보기 중에서
골라보세요.

❶ 无论做什么事情，一定要坚持到底，不能半途而废。

    ⓐ 三天打鱼, 两天晒网   ⓑ 停止   ⓒ 不做   ⓓ 抛弃

❷ 我真想放弃来着，但我还是坚持下来了。

    ⓐ 坚定   ⓑ 坚决   ⓒ 挺   ⓓ 保持

❸ 忙过这一阵子再说吧。

    ⓐ 这儿   ⓑ 这一段时间   ⓒ 一会儿   ⓓ 去

❹ 最近我们上了一个新项目，每天都很晚才回家。

    ⓐ 搞   ⓑ 上马   ⓒ 开设   ⓓ 开始

❺ 就是五年前辞职的那个小姜啊。

    ⓐ 辞掉工作   ⓑ 退职   ⓒ 被炒鱿鱼   ⓓ 被开除

❻ 他上电视了，我差点儿没认出他来。

    ⓐ 认出他来了   ⓑ 没认出他来   ⓒ 认识他   ⓓ 不认识他

❼ 你本来是个当企业家的料儿，只可惜已经错过了良好的时机。

    ⓐ 材料   ⓑ 佐料   ⓒ 调料   ⓓ 料子

서술하기 연습

冒烟 màoyān 연기가 나다

泼水 pōshuǐ 물을 뿌리다

湿透了 shī tòu le 흠뻑 젖다

151

14 最近我心情不太好。

요즘 제가 기분이 별로 좋지 않습니다.

기본 회화 단어

- 娜娜 Nàna • 명 나나(인명)
- 气色 qìsè • 명 안색. 기색
- 心情 xīnqíng • 명 심정. 기분
- 吵架 chǎojià • 동 다투다. 말다툼하다
- 矛盾 máodùn • 명 모순
- 熬夜 áoyè • 동 밤샘하다. 철야하다
- 老板 lǎobǎn • 명 사장

실전 회화 단어 ①

- 呦 yōu • 감 앗! 어!(놀람을 나타냄)
- 嘿嘿 hēihēi • 의 헤헤(웃는 소리)
- 体育 tǐyù • 명 체육
- 彩票 cǎipiào • 명 복권
- 竟然 jìngrán • 부 뜻밖에도. 의외로
- 中 zhòng • 동 1. 당첨되다 2. 명중하다
- 美死我了 měi sǐ wǒ le • 좋아 죽겠다
- 运气 yùnqi • 명 운수
- 3等奖 sān děng jiǎng • 3등상
- 首先 shǒuxiān • 부 우선
- 块儿 kuàir • 양 덩어리. 조각
- 瑞士表 Ruìshì biǎo • 명 스위스 시계
- 兰蔻化妆品 Lánkòu huàzhuāngpǐn • 명 랑콤 화장품
- 天啊 tiān a • 세상에(놀라움을 나타냄)
- 照 zhào • 전 …대로. …에 따라
- 扫兴 sǎoxìng • 동 흥(기분)이 깨지다
- 存起来 cún qilai • 저축해 놓다
- 棺材 guāncai • 동 관. 널

- 消费 xiāofèi • 명 동 소비(하다)
- 观念 guānniàn • 명 관념
- 功夫不负有心人 gōngfu bú fù yǒu xīn rén • 노력한 만큼 성과가 있다
- 几率 jīlǜ • 명 확률

실전 회화 단어 ②

- 律师 lùshī • 명 변호사
- 打官司 dǎ guānsi • 소송을 걸다(일으키다)
- 堂弟 tángdì • 명 사촌 남동생
- 醉 zuì • 동 취하다
- 打架 dǎjià • 동 싸움하다. 다투다
- 捅 tǒng • 동 찌르다
- 案子 ànzi • 명 소송 사건
- 弄不好 nòng bu hǎo • 잘하지 못하다
- 坐牢 zuòláo • 동 수감 되다. 감옥살이하다
- 愁 chóu • 형 근심스럽다. 걱정스럽다
- 伤 shāng • 동 다치다. 상하다
- 轻 qīng • 형 (정도가) 경미하다. 가볍다
- 胸部 xiōng bù • 명 가슴. 흉부
- 缝 féng • 동 바느질하다. 꿰매다
- 针 zhēn • 명 바늘. 봉침
- 醒过来 xǐng guòlái • 정신이 들다
- 棘手 jíshǒu • 형 (처리하기가) 곤란하다
- 经验 jīngyàn • 명 경험
- 也许 yěxǔ • 부 어쩌면. 아마도
- 拜托 bàituō • 동 부탁드리다
- 甭 béng • 부 …할 필요가 없다. …하지 마라
- 尽管 jǐnguǎn • 부 얼마든지

Ⓐ 娜娜, 看上去 你 的 气色 不 太 好 啊, 身体 不 舒服 吗?
Nàna, kànshangqù nǐ de qìsè bú tài hǎo a, shēntǐ bù shūfu ma?

Ⓑ 没 有, 最近 我 心情 不 太 好。
Méi yǒu, zuìjìn wǒ xīnqíng bú tài hǎo.

Ⓐ 怎么 了? 和 谁 吵架 了?
Zěnme le? Hé shuí chǎojià le?

Ⓑ 没 什么 大 事儿, 和 家 里 人 有 点儿 矛盾 而已。
Méi shénme dà shìr, hé jiā li rén yǒu diǎnr máodùn éryǐ.

회화 연습

昨天 晚上 熬夜 了 吗 —— 朋友
zuótiān wǎnshang áoyè le ma péngyou

工作 太 累 了 吧 —— 老板
gōngzuò tài lèi le ba lǎobǎn

Ⓐ : 呦，今天心情怎么这么好啊？

Ⓑ : 嘿嘿。前几天我买了张体育彩票，竟然中了一万块钱！美死我了。

Ⓐ : 你运气可真好啊！

Ⓑ : 可不是嘛！我第一次买彩票就中了3等奖。

Ⓐ : 那你准备用这些钱干什么？

Ⓑ : 首先，我要买一块儿瑞士手表，然后再买一个手机，还得买兰蔻化妆品，还有……

Ⓐ : 天啊！照你这么买啊，一万块钱都不够你花的。

Ⓑ : 不要扫兴嘛，我想买这些东西都想了好久了。

Ⓐ : 你就没想过要把这些钱都存起来吗？

Ⓑ : 存起来干什么啊？真不会享受生活，等你死了那些钱还能带进棺材里去啊？

Ⓐ : 话不能这么说，存起来以后有急事的时候再用嘛。

Ⓑ : 每个人的消费观念都不一样，不跟你多说了，我可要去逛商店了。

Ⓐ : 要是我能中奖就好了！

Ⓑ : 功夫不负有心人！如果你每星期买10张，买它十年二十年肯定会中的。

Ⓐ : 我觉得买彩票中的几率不是很大，还不如把钱存在银行里呢。

Ⓐ：你有没有认识的律师？

Ⓑ：你要打官司啊？

Ⓐ：不是我要打官司，是我堂弟。

Ⓑ：他怎么了？

Ⓐ：他喝醉了酒，跟人打架，用刀把人给捅了。

Ⓑ：这可不是小案子，弄不好要坐牢的。

Ⓐ：可不是嘛！愁死人了。

Ⓑ：那个受伤的人现在情况怎么样？

Ⓐ：听说伤得不轻，胸部缝了八针，到现在还没醒过来呢。

Ⓑ：哎呀，这案子挺棘手的，得找个有经验的大律师。

Ⓐ：你快帮我想想办法啊。

Ⓑ：我有个叔叔是律师，可惜他不在本地，不过他也许能帮你找到一个好律师。

Ⓐ：那这事儿就拜托给你了。

Ⓑ：甭客气，有什么需要我帮忙的，你尽管说好了。

Ⓐ：你真是我的好朋友。

生 存 者

　　飞机坠落在加拿大的森林里，饥渴的生存者们走出森林来到了一条大河旁边。这时L小姐发现自己心爱的人C正在河对面，她很着急，可是她不会游泳。因此她走到M面前，求他帮忙，但是M说："如果你给我钱的话，我就帮你过河。"可是她手里一分钱也没有。所以她只好去找Ⅰ帮忙，但是Ⅰ说："我现在很忙，我要尽快想办法做出无线电传播器。"最后绝望的L来到了S面前，S说："如果你跟我睡一宿，我就帮你这个忙。"第二天S帮L做了一个木筏，这样L费了千辛万苦终于实现了自己的愿望。可是当L把她过河的经历全部告诉C以后，C却说："我不想再看到你，你走吧！"L失望极了，这时H听说这件事以后，就来到L面前说："嫁给我吧，我将爱你一辈子。"

请你按顺序写出你最喜欢的人和最不喜欢的人，并说明理由。

1.

2.

3.

4.

5.

6.

프리토킹 단어

生存者 shēngcúnzhě · 생존자

坠落 zhuìluò · 추락하다

森林 sēnlín · 삼림. 숲

饥渴 jīkě · 배고프고 목마르다

大河 dàhé · 큰 강

心爱 xīn'ài · 진심으로 사랑하다

对面 duìmiàn · 맞은편

着急 zháojí · 조급해 하다

因此 yīncǐ · 그래서. 그러므로

面前 miànqián · 면전. 눈 앞

求…帮忙 qiú…bāngmáng · …에게 도움을 청하다

过河 guòhé · 강을 건너다

一分钱 yì fēn qián · (금전의) 일전

只好 zhǐhǎo · 부득이. 할 수 없이

尽快 jǐnkuài · 되도록 빨리

无线电传播器 wúxiàndiàn chuánbōqì · 무전기

绝望 juéwàng · 절망하다

一宿 yì xiǔ · 하룻밤

木筏 mùfá · 뗏목

费 fèi · 소비하다. 들이다

千辛万苦 qiān xīn wàn kǔ · 천신만고

终于 zhōngyú · 마침내. 결국

实现 shíxiàn · 실현하다. 달성하다

愿望 yuànwàng · 희망

失望 shīwàng · 실망하다

嫁 jià · 시집가다

将 jiāng · 장차. 곧

一辈子 yíbèizi · 한평생. 일생

1 "而已"의 용법

'而已'는 '…일 뿐이다' 라는 뜻으로 '不过·只' 와 호응하여 구말(句末)에 쓰인다.

没什么大事, 和家里人有点矛盾而已。
별 큰 일은 아니고 그냥 식구들과 조금 모순이 있을 뿐이야.

我不过是说说而已。 나는 그냥 말해본 것 뿐이야.

2 "竟然"의 용법

'竟然' 은 '의외로, 뜻밖에' 라는 뜻으로 동사나 형용사 뒤에 쓰인다.

竟然中了一万块钱。 의외로 일 만 위앤에 당첨됐어.

找了你半天, 你竟然在这儿。
너를 한참이나 찾았는데 뜻밖에도 여기에 있었네.

3 "要是……就好了"의 용법

'要是……就好了' 는 '…했으면 좋겠다' 라는 뜻을 나타낸다.

要是我能中上彩票就好了。 내가 복권에 당첨되었으면 좋겠다.

要是能考上北京大学就好了。 북경대학에 붙었으면 좋겠다.

4 "弄不好"의 용법

'弄不好' 는 '잘못하면 …하게 되다' 라는 뜻으로 뒤에 오는 목적어는 원치 않는 일이나 혹 안 좋은 일이 오는 경우가 많다.

弄不好要坐牢啊。 잘못하면 감옥에 갈 수도 있어.

弄不好要迟到。 잘못하면 지각하겠다.

5 "尽管"의 용법

'尽管' 은 '얼마든지, 마음놓고' 라는 뜻으로 뒤에 오는 동사는 부정형이 쓰이지 않는다.

有什么需要我帮忙的, 你尽管说好了。
제가 도울 일이 있으면 얼마든지 말씀하세요.

gǔfèn gōngsī
股份 公司
주식회사

mǎi gǔpiào
买 股票
주식을 사다

gǔdōng
股东
주주

yǐnjìn wàizī
引进 外资
외자를 유치하다

fángdìchǎn shēngyì
房地产 生意
부동산 사업

tóuzī xiàngmù
投资 项目
투자 항목

jīngjì tèqū
经济 特区
경제 특구

yōuhuì zhèngcè
优惠 政策
우대 정책

hézī qǐyè
合资 企业
합자 기업

어휘력 테스트

🔅 다른 색으로 표기되어 있는 단어와 가장 비슷한 뜻을 가진 단어를 보기 중에서
골라보세요.

❶ 那你准备用这些钱干什么？

ⓐ 预备　　　　　ⓑ 规划　　　　　ⓒ 打算　　　　　ⓓ 计划

❷ L小姐把她过河的经历全部都告诉了C。

ⓐ 经过　　　　　ⓑ 过程　　　　　ⓒ 课程　　　　　ⓓ 事情

❸ 真不会享受生活，等你死了那些钱还能带进棺材里去啊？

ⓐ 等死　　　　　ⓑ 等待　　　　　ⓒ 死的时候　　　　　ⓓ 死了以后

❹ 我觉得买彩票中的几率不是很大，还不如把钱存在银行里呢。

ⓐ 概率　　　　　ⓑ 冒险　　　　　ⓒ 可靠　　　　　ⓓ 可能性

❺ 他喝醉了酒，跟人打架，用刀把人给捅了。

ⓐ 刺伤　　　　　ⓑ 通过　　　　　ⓒ 杀　　　　　ⓓ 刹

❻ 听说伤得不轻，胸部缝了八针，到现在还没醒过来。

ⓐ 清醒　　　　　ⓑ 叫醒　　　　　ⓒ 昏迷不醒　　　　　ⓓ 从睡梦中清醒

❼ 飞机坠落以后，L小姐发现自己心爱的人正在河对面，可是她不会游泳，
所以她很着急。

ⓐ 失事　　　　　ⓑ 降落　　　　　ⓒ 落下　　　　　ⓓ 出故障

서술하기 연습

15 又出什么问题了?

또 무슨 문제가 생겼습니까?

기본 회화 단어

- 出问题 chū wèntí · 문제가 생기다
- 打印 dǎyìn · 통 프린트하다
- 打印机 dǎyìnjī · 명 프린터
- 油墨 yóumò · 명 인쇄 잉크
- 没电了 méi diàn le · 전기가 나갔다
- 没油了 méi yóu le · 기름이 다 떨어졌다
- 充电 chōngdiàn · 통 충전하다
- 加油 jiāyóu · 통 1. 기름을 넣다 2. 응원하다

실전 회화 단어 ①

- 机器 jīqì · 명 기계
- 毛病 máobing · 명 고장. 결함
- 搞不清楚 gǎo bu qīngchu · 밝혀낼 수 없다
- 进口 jìnkǒu · 명 통 수입(하다)
- 技工 jìgōng · 명 기술자
- 技师 jìshī · 명 엔지니어. 기사
- 修不了 xiū bu liǎo · 수리할 수 없다
- 套 tào · 양 벌. 조. 세트
- 设备 shèbei · 명 설비
- 免费 miǎnfei · 통 무료로 하다
- 费用 fèiyòng · 명 비용
- 由…负担 yóu…fùdān · …이(가) 부담하다
- 实在 shízài · 부 진정. 정말
- 批 pī · 양 (물건의) 한무더기. (사람의) 일군
- 订单 dìngdān · 명 주문서. 오더
- 催 cuī · 통 재촉하다. 독촉하다

- 赶 gǎn · 통 서두르다
- 连着 liánzhe · 통 연속하다. 잇닿다
- 活儿 huór · 명 (육체적인) 일
- 加班费 jiābānfèi · 명 잔업 수당
- 奖金 jiǎngjīn · 명 보너스
- 服 fú · 통 1. 탄복하다 2. (약을)먹다

실전 회화 단어 ②

- 个头儿 gètóur · 명 키. 몸집
- 爬 pá · 통 기다. 기어가다
- 助手 zhùshǒu · 명 조수
- 当心 dāngxīn · 통 조심하다. 주의하다
- 手电筒 shǒudiàntǒng · 명 손전등
- 照 zhào · 통 비치다. 비추다
- 齿轮 chǐlún · 명 (기계) 기어
- 生锈 shēngxiù · 통 녹이 슬다
- 转 zhuàn · 통 돌다. 회전하다
- 润滑油 rùnhuáyóu · 명 윤활유
- 扳子 bānzi · 명 스패너. 렌치
- 传送带 chuánsòngdài · 명 수송 벨트
- 螺丝 luósī · 명 나사. 나사못
- 松 sōng · 형 느슨하다
- 拧 nǐng · 통 틀다. 비틀다
- 呆着吧 dāi zhe ba · 그냥 그대로 있어
- 电风扇 diànfēngshàn · 명 선풍기
- 敢情 gǎnqíng · 부 물론. 당연히

 **기본 회화**

Ⓐ 又 出 什么 问题 了?
Yòu chū shénme wèntí le?

Ⓑ 打印机 好像 是 没 有 油墨 了。
Dǎyìnjī hǎoxiàng shì méi yǒu yóumò le.

Ⓐ 不 是 刚 换 过 油墨 吗?
Bú shì gāng huàn guo yóumò ma?

Ⓑ 你 忘 了? 我们 打印 了 很 多 东西。
Nǐ wàng le? Wǒmen dǎyìn le hěn duō dōngxi.

회화 연습

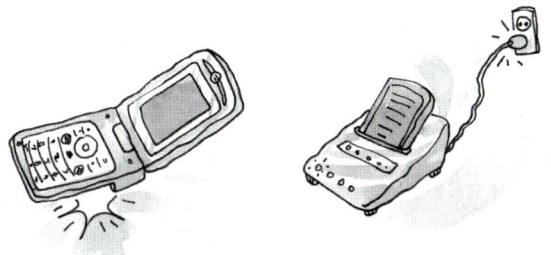

手机 好像 是 没 电 了 —— 充 过 电 —— 你 用 手机 听 歌儿 了
Shǒujī hǎoxiàng shì méi diàn le   chōng guo diàn   nǐ yòng shǒujī tīng gēr le

汽车 好像 是 没 有 油 了 —— 加 过 油 —— 我们 跑 了 一 天 了
Qìchē hǎoxiàng shì méi yǒu yóu le   jiā guo yóu   wǒmen pǎo le yì tiān le

Ⓐ : 王主任，机器又出毛病了。

Ⓑ : 是什么毛病？

Ⓐ : 我们也搞不清楚是什么毛病。

Ⓑ : 那怎么办啊！

Ⓐ : 这是德国进口的机器，我们的技工修不了。王主任，这套设备不是可以免费修理的吗？

Ⓑ : 是免费修理，但是德国技师来中国的费用都是由我们公司负担的。

Ⓐ : 噢，原来是这样，那我再找别的技工来看看吧。

Ⓑ : 好，实在不行的时候，再请德国技师吧。

Ⓐ : 好的，不过上海好思佳的那批订单催得挺急的。

Ⓑ : 尽量赶吧。

Ⓐ : 那我们又得加班了。

Ⓑ : 不好意思，又要辛苦你们了。

Ⓐ : 我们已经连着加了两个星期的班了。

Ⓑ : 忙总比没活儿干好，别的公司连工资都发不下来，我们公司又是加班费又是奖金，高兴还来不及呢。

Ⓐ : 你可真会说话，我算是服了你了。

Ⓐ : 你个头儿小，爬到机器下面去看看到底是什么毛病。

Ⓑ : 好的，那你在外边给我当助手吧。

Ⓐ : 行，你当心点儿。

Ⓑ : 这儿太黑，什么都看不见，有没有手电筒？

Ⓐ : 有，我来给你照，怎么样？现在能看清楚吗？

Ⓑ : 能。哎哟，这里的齿轮都生锈了，怪不得机器不转呢。

Ⓐ : 你等着，我给你拿润滑油。

Ⓑ : 再给我拿个扳子。

Ⓐ : 要扳子干什么？

Ⓑ : 传送带的螺丝都松了，得拧一拧。

Ⓐ : 来，给你扳子，你还需要什么？用不用我下去跟你一起修？

Ⓑ : 不用了，你就在上边呆着吧。

Ⓐ : 下边热不热？要不要电风扇？

Ⓑ : 那敢情好啦。

Ⓐ : 你等着，我去给你拿。

你有过这样的经历吗？

1. 在乡村的小路上开车的时候，突然想上厕所，可是周围没有厕所，这时，你怎么办？

2. 坐上出租汽车以后，快到地方的时候，才发现你没带钱包，这时，你怎么办？

3. 你丢过钱吗？丢了多少钱？你捡过钱吗？捡了多少钱？

4. 喝醉以后不省人事的时候多不多？到现在大概有过几次？

5. 如果你看见女同事裤子的拉锁没拉上，你是装没看见还是告诉她？

6. 在饭店吃饭的时候，如果你的汤碗里有苍蝇或者蟑螂，这时，你怎么办？

7. 你出过交通事故吗？如果出过的话，请你简单叙述一下那时的情景。

프리토킹 단어

乡村 xiāngcūn • 농촌. 시골

厕所 cèsuǒ • 변소

上厕所 shàng cèsuǒ • 1. 화장실에 가다 2. (화장실에서)볼일을 보다

周围 zhōuwéi • 주위

钱包 qiánbāo • 지갑

丢 diū • 잃어버리다

捡 jiǎn • 줍다

不省人事 bù xǐng rén shì • 인사불성이 되다

拉锁 lāsuǒ • 지퍼

拉上拉锁 lā shàng lāsuǒ • 지퍼를 잠그다

装 zhuāng • …인 체 하다

汤碗 tāngwǎn • 국그릇

苍蝇 cāngying • (곤충) 파리

蟑螂 zhāngláng • 바퀴벌레

交通事故 jiāotōng shìgù • 교통사고

出交通事故 chū jiāotōng shìgù • 교통사고가 나다

문법 해설

1 "由"의 용법

'由'는 전치사로서 행위의 주체를 이끈다.

费用都是由我们公司负担的。 비용은 모두 우리 회사가 부담하는 겁니다.
运输问题由他们解决。 운송 문제는 그들이 해결한다.

2 "尽量"의 용법

'尽量'은 '되도록, 가능한'이라는 뜻을 나타낸다.

(1) **尽量 + 동사**

尽量赶吧。 가능한 빨리 하겠습니다.
我尽量办到。 되도록 처리해 드리겠습니다.

(2) **尽量 + 형용사**

尽量快点儿。 가능한 빨리 해.   尽量早点儿去。 되도록 일찍 가자.

3 "又是……又是……"의 용법

'又是……又是……' 몇 가지 상황을 나열할 때 씀.

我们公司又是加班费又是奖金，高兴还来不及呢。
우리 회사는 잔업 수당에 보너스까지 얼마나 좋아요.

4 "(一)点儿"의 용법

'(一)点儿'은 긍정적 형용사 뒤에 와서 명령의 뜻을 나타낸다.

你当心点儿。 조심하세요.   安静点儿。 조용히 하세요.

5 "算"의 용법

'算'은 '…인 셈치다, …로 간주하다'라는 뜻으로 뒤에 '是'를 쓸 수도 있다.

我算是服了你了。 나는 너에게 탄복했어.
老王算是一个好人。 왕씨는 좋은 사람이라고 할 수 있다.

어휘 플러스

❶ 好像 : _____ 사용하기 편리하다, _____ 편안하게 느끼다, _____ 호의, _____ 우습다
hǎoxiàng
▶▶▶
ⓐ 好意　　　ⓑ 好使　　　ⓒ 好受　　　ⓓ 好笑
　　hǎoyì　　　　hǎoshǐ　　　　hǎoshòu　　　　hǎoxiào

❷ 进口 : _____ 연수하다, _____ 진퇴양난, _____ 진취심, _____ 진입하다
jìnkǒu
▶▶▶
ⓐ 进修　　　ⓑ 进入　　　ⓒ 进取心　　　ⓓ 进退两难
　　jìnxiū　　　　jìnrù　　　　jìnqǔxīn　　　　jìn tuì liǎng nán

❸ 技工 : _____ 기능, _____ 기교, _____ 기법, _____ 기술
jìgōng
▶▶▶
ⓐ 技法　　　ⓑ 技能　　　ⓒ 技巧　　　ⓓ 技术
　　jìfǎ　　　　jìnéng　　　　jìqiǎo　　　　jìshù

❹ 免费 : _____ 면역, _____ 면세점, _____ 면직되다, _____ 시험을 면제받다
miǎnfèi
▶▶▶
ⓐ 免试　　　ⓑ 免疫　　　ⓒ 免税店　　　ⓓ 免职
　　miǎnshì　　　　miǎnyì　　　　miǎnshuìdiàn　　　　miǎnzhí

❺ 费用 : _____ 난해하다, _____ 힘들다, _____ 돈을 낭비하다, _____ 번거롭다
fèiyòng
▶▶▶
ⓐ 费解　　　ⓑ 费劲儿　　　ⓒ 费钱　　　ⓓ 费事
　　fèijiě　　　　fèijìnr　　　　fèiqián　　　　fèishì

diànyuán
电源
전원

chāzuò
插座
콘센트

chātóu
插头
플러그

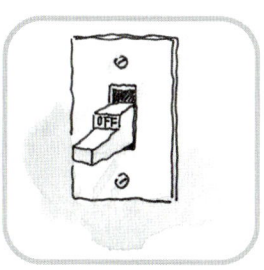

kāiguān
开关
스위치

qiánzi
钳子
펜치

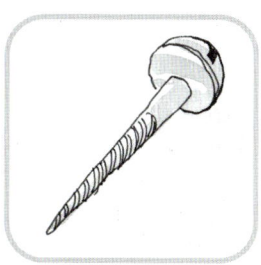

luósī
螺丝
나사

diànxiàn
电线
전선

luósīdāo
螺丝刀
드라이버

chuízi
锤子
쇠망치

어휘력 테스트

🌐 다른 색으로 표기되어 있는 단어와 가장 비슷한 뜻을 가진 단어를 보기 중에서 골라보세요.

❶ 我们也搞不清楚是什么毛病。
   ⓐ 弄清楚　　　ⓑ 搞清楚　　　ⓒ 弄不清楚　　　ⓓ 不清楚

❷ 油墨我已经换好了，另外夹(jiā, 끼다)的纸我也帮你拿出来了。
   ⓐ 替　　　ⓑ 给　　　ⓒ 为　　　ⓓ 帮助

❸ 消费5万元以上可以免费停车。
   ⓐ 花钱　　　ⓑ 费用　　　ⓒ 金额　　　ⓓ 花销

❹ 上海好思佳的那批订单催得挺急的。
   ⓐ 要　　　ⓑ 需要　　　ⓒ 催促　　　ⓓ 赶

❺ 我们已经连着加了两个星期的班了。
   ⓐ 连续　　　ⓑ 连结　　　ⓒ 等着　　　ⓓ 继续

❻ 忙总比没活儿干好，别的公司连工资都发不下来呢。
   ⓐ 发不下去　　　ⓑ 不给　　　ⓒ 开不下来　　　ⓓ 开不出来

❼ 哎哟，这里的齿轮都生锈了，怪不得机器不转呢。
   ⓐ 转移　　　ⓑ 转动　　　ⓒ 转转　　　ⓓ 移动

170

서술하기 연습

기본 회화 단어

- 香 xiāng · 형 향기롭다
- 桂鱼 guìyú · 명 쏘가리
- 水煮桂鱼 shuǐ zhǔ guìyú · 쏘가리 찜
- 尝 cháng · 동 맛보다
- 味道 wèidao · 명 맛
- 淡 dàn · 형 싱겁다
- 放 fàng · 동 1. (집어) 넣다 2. 늘리다. 넓히다
- 盐 yán · 명 소금
- 腥 xīng · 형 비리다
- 味儿 wèir · 명 냄새
- 料酒 liàojiǔ · 명 맛술
- 辣椒 làjiāo · 명 고추
- 蟹 xiè · 명 (해물) 게
- 酸 suān · 형 시다
- 白糖 báitáng · 명 백설탕
- 大虾 dàxiā · 명 참새우
- 红烧大虾 hóngshāo dàxiā · 새우 볶음
- 咸 xián · 형 짜다

실전 회화 단어 ①

- 鸡 jī · 명 닭
- 花生 huāshēng · 명 땅콩
- 香菇 xiānggū · 명 표고버섯
- 竹笋 zhúsǔn · 명 죽순
- 红枣 hóngzǎo · 명 대추
- 教 jiāo · 동 가르치다
- 露一手 lòu yì shǒu · 솜씨를 보이다
- 面粉 miànfěn · 명 밀가루

- 拌匀 bànyún · 골고루 뒤섞다
- 酱油 jiàngyóu · 명 간장
- 腌 yān · 동 절이다
- 爆炒 bào chǎo · 센불에 볶다
- 葱姜蒜 cōng jiāng suàn · 대파 · 생강 · 마늘
- 复杂 fùzá · 형 복잡하다
- 调料 tiáoliào · 명 조미료
- 炖 dùn · 동 (약한 불에 장시간) 고다
- 记下来 jì xialai · 기록해 놓다
- 家乡 jiāxiāng · 명 고향
- 风味 fēngwèi · 명 맛. 특색
- 特色菜 tèsècài · 명 특색 요리

실전 회화 단어 ②

- 格儿裤子 gér kùzi · 명 체크무늬 바지
- 裤腰 kùyāo · 명 바지의 허리
- 将军肚 jiāngjūndù · 명 (남자의) 불룩하게 나온 배
- A就A吧 A jiù A ba · 용인 · 용납의 어기를 나타냄
- 磨牙 móyá · 동 무의미한 언쟁을 하다
- 干洗店 gānxǐdiàn · 명 세탁소
- 放 fàng · 동 넓히다. 늘이다
- 量 liáng · 동 재다. 달다
- 羊毛衫 yángmáoshān · 명 양모(울) 셔츠
- 扣子 kòuzi · 명 단추
- 掉 diào · 동 떨어지다
- 缝 féng · 동 바느질하다. 꿰매다
- 袖子 xiùzi · 명 소매
- 缩短 suōduǎn · 동 줄이다

기본 회화

A 做 什么 菜 呢? 真 香 啊!
Zuò shéme cài ne? Zhēn xiāng a!

B 我 在 做 水 煮 桂鱼, 尝 尝 味道 怎么样。
Wǒ zài zuò shuǐ zhǔ guìyú, cháng chang wèidao zěnmeyàng.

A 好像 有点儿 淡。
Hǎoxiàng yǒudiǎnr dàn.

B 那 再 放 点儿 盐。
Nà zài fàng diǎnr yán.

A 还 有点儿 腥味儿。
Hái yǒudiǎnr xīngwèir.

B 没 事儿, 放 点儿 料酒 就 好 了。
Méi shìr, fàng diǎnr liàojiǔ jiù hǎo le.

회화 연습

辣椒 蟹 —— 酸 —— 白糖
làjiāo xiè suān báitáng

红烧 大虾 —— 咸 —— 水
hóngshāo dàxiā xián shuǐ

Ⓐ : 这个菜做得真好吃！好像用了很多材料。

Ⓑ : 对，有鸡、花生、香菇、竹笋和红枣。

Ⓐ : 怎么做的？教教我，我也好回家露一手。

Ⓑ : 先把花生放入水中煮五分钟，香菇用糖、酒、油和面粉拌匀，鸡呢，用盐和酱油腌好。

Ⓐ : 然后呢？

Ⓑ : 然后用油爆炒葱、姜、蒜、再加竹笋，炒好以后拿出来放到一边。

Ⓐ : 还挺复杂的呢。

Ⓑ : 最后往油锅里放入鸡爆炒，再放入调料以及花生、香菇、红枣，用慢火炖15分钟就可以了。

Ⓐ : 哦，我得用笔记下来，要不然回到家以后就都忘没了。

Ⓑ : 你还挺认真的。

Ⓐ : 不好意思，请你再说一遍，好吗？

Ⓑ : 可以是可以，不过不如上网查，网上什么都有。

Ⓐ : 网上没有这种咱们家乡风味的特色菜。

Ⓑ : 那倒是，那你听好了，我再给你详细说一遍。

Ⓐ : 老公, 我在法国给你买的格裤子, 你怎么不穿啊?

Ⓑ : 那条裤子裤腰有点儿瘦, 穿着不舒服。

Ⓐ : 34的裤腰不应该瘦啊。

Ⓑ : 可能是我的将军肚又出来了。

Ⓐ : 你每天晚上都喝那么多啤酒, 肚子能不大吗?

Ⓑ : 四十多岁的人了, 肚子大点儿就大点儿吧。

Ⓐ : 算了, 不跟你磨牙了, 你快把那条格裤子给我找出来。

Ⓑ : 你要干什么?

Ⓐ : 我给你送到干洗店把裤腰往外放一放。

Ⓑ : 你知道要放多少吗?

Ⓐ : 不知道, 你现在穿给我看看, 我给你量一量。

Ⓑ : 好的。哎, 对了, 我羊毛衫的扣子也掉了。

Ⓐ : 扣子我可以帮你缝, 不用送到干洗店。

Ⓑ : 还有我新买的白色上衣, 袖子有点儿长, 能不能缩短一点儿?

Ⓐ : 我估计可以, 你拿给我吧。

Ⓑ : 你等会儿, 我进去拿。

男人喜欢这样的女人

1. 给他做可口的饭菜。

2. 给他熨衣服。

3. 在他父母过生日或者过节的时候, 要多寄一点儿钱。

4. 他要看体育节目的时候, 不要妨碍他。

5. 在他的钱包里多放一点儿钱。

6. 好好管理他交给你的钱。

7. 经常赞扬他的父母。

8. 在他需要信心的时候, 对他说: "我相信你。"

9. 如果他建议你减肥, 你一定要减肥。

10. 如果婆婆要求和你们住在一起, 你不要反对, 你要学会忍耐。

11. 在他喝醉的时候, 给他喝蜂蜜水, 给他脱衣服, 然后听他说话, 一直到他睡着的时候, 不要离开他。第二天早上还要给他做解酒汤。

12. 如果他大喊大叫, 你不要跟他一起发火, 离开他一会儿。

프리토킹 단어

可口 kěkǒu • 입에 맞다, 맛있다

熨 yùn • 다림질하다

妨碍 fáng'ài • 방해하다

赞扬 zànyáng • 칭찬하다

节目 jiémù • 프로그램

建议 jiànyì • 건의하다

相信 xiāngxìn • 믿다

婆婆 pópo • 시어머니

反对 fǎnduì • 반대하다

忍耐 rěnnài • 인내하다

解酒汤 jiějiǔtāng • 해장국

蜂蜜水 fēngmìshuǐ • 꿀물

睡着 zhuì zháo • 잠들다

离开 líkāi • 떠나다

大喊大叫 dà hǎn dà jiào • 큰 소리로 부르짖다

女人喜欢这样的男人

1. 不回家吃晚饭时，先给妻子打个电话。

2. 出差的时候，给她买礼物。

3. 她身体不舒服的时候，关心她，给她买药，帮她做饭、打扫房间。

4. 陪她去买东西。

5. 她做的菜好吃的时候，多吃点儿，而且一定要说"非常好吃"。不好吃的时候，少吃点儿，但不要说不好吃。

6. 她被炒鱿鱼的时候，对她说："没事儿，我养你。"

7. 记住她的生理周期，在那几天要特别关心她，给她买她喜欢吃的零食。

8. 在她生气或者哭的时候，要哄她、拥抱她。

9. 一个平常的日子，送鲜花到她的办公室。

10. 不要反对妻子买好化妆品。

11. 在结婚纪念日或者休假的时候，两个人单独去旅行，或者到五星级饭店住一宿。

问: (1) 你同意以上观点吗？

　　(2) 你能做到以上哪几点？

프리토킹 단어

炒鱿鱼 chǎoyóuyú • 파면하다	拥抱 yōngbào • 포옹하다
养 yǎng • 먹여 살리다. 부양하다	鲜花 xiānhuā • 생화
生理周期 shēnglǐ zhōuqī • 생리 주기	纪念日 jìniànrì • 기념일
哄 hǒng • 달래다	单独 dāndú • 단독(으로)

"A就A(吧)"의 용법

'A就A(吧)'은 인정하거나 상관없다는 뜻을 나타낸다.

肚子大点儿就大点儿吧。 배가 좀 크면 어때.

丢就丢了吧，着急也没用。

잃어 버린 것은 잃어 버린 것, 조바심 내도 소용 없다.

贵点儿就贵点儿吧。 좀 비싸도 상관 없어.

去就去，怕什么。 가면 가지, 뭐가 무서워.

전치사 "给"의 용법

전치사 '给'는 '…에게'라는 뜻으로 아래의 몇 가지 용법이 있다.

(1) 给 + 사람 + 동사 + 목적어

我再给你详细说一遍。 너에게 다시 한 번 자세히 말해줄게.

我在法国给你买的格裤子，你怎么不穿啊?

내가 프랑스에서 당신에게 사 준 바지를 왜 안 입으세요?

到家以后，你给我打电话吧。 집에 도착하면 나에게 전화해줘.

给我介绍一个女朋友吧。 나에게 여자친구 하나 좀 소개해줘.

(2) 동사 + 给 + 사람/기관·단체 + (목적어)

你现在穿给我看看。 당신 지금 입어봐요.

你拿给我吧。 나에게 가져다주세요.

他送给我一束花。 그는 나에게 꽃 한 다발을 선물하였다.

他交给我一封信。 그는 나에게 편지 한 통을 맡겼다.

(3) 명령의 어기를 나타낸다.

你给我走开! 저리 비켜!

(4) 피동을 나타낸다.

衣服给雨淋湿了。 옷이 비에 젖었다.

◉ 다른 색으로 표기되어 있는 단어와 가장 비슷한 뜻을 가진 단어를 보기 중에서
골라보세요.

❶ 炒好以后拿出来放到一边。

    ⓐ 搁   ⓑ 扔   ⓒ 撇   ⓓ 摆

❷ 我得用笔记下来，要不然回到家以后就都忘没了。

    ⓐ 完   ⓑ 光   ⓒ 干净   ⓓ 掉

❸ 可能是我的将军肚又起来了。

    ⓐ 肚子   ⓑ 小肚子   ⓒ 啤酒肚   ⓓ 大肚子

❹ 算了，不跟你磨牙了，你快把那条格裤子给我找出来。

    ⓐ 聊天儿   ⓑ 闲聊   ⓒ 说话   ⓓ 浪费时间

❺ 那条裤子裤腰有点儿瘦，穿着不舒服。

    ⓐ 不得劲儿   ⓑ 不方便   ⓒ 不便利   ⓓ 不好

❻ 扣子我可以帮你缝，不用送到干洗店。

    ⓐ 补钉   ⓑ 补   ⓒ 缝上   ⓓ 缝纫

❼ 我新买的白色上衣，袖子有点儿长，能不能缩短一点儿?

    ⓐ 衣袖   ⓑ 领子   ⓒ 长   ⓓ 长短

서술하기 연습

熨　yùn　다림질하다

祝贺你!
축하합니다!

⠿ 기본 회화 단어

□ 祝贺 zhùhè • 图 축하하다

□ 通过 tōngguò • 图 통과되다. 가결되다

□ HSK高级 HSK gāojí • 명 한어수평고시 고급

□ 托福 tuōfú • 명 토플

□ 驾照 jiàzhào • 명 운전면허증

⠿ 실전 회화 단어 ①

□ 张强 Zhāngqiáng • 장챵(이름)

□ 升 shēng • 图 진급하다

□ 顿 dùn • 양 끼니. 차례

□ 双喜临门 shuāng xǐ lín mén • 경사가 겹치다

□ 喜事儿 xǐshìr • 명 경사. 기쁜 일

□ 生 shēng • 图 (아이를) 낳다. 태어나다

□ 终于 zhōngyú • 부 마침내. 결국

□ 如愿以偿 rú yuàn yǐ cháng • 소원성취하다

□ 这辈子 zhè bèizi • 명 금세(今世). 현세

□ 盼望 pànwàng • 图 간절히 바라다

□ 抱孙子 bào sūnzi • 손자를 얻다(보다)

□ 乐 lè • 图 좋아하다

□ 合不拢嘴 hé bù lǒng zuǐ • (너무 기뻐서) 입을 다물지 못하다

□ 封建 fēngjiàn • 형 봉건적이다

□ 传宗接代 chuán zōng jiē dài • 성 대를 잇다

□ 老人 lǎorén • 명 노인

□ 第三胎 dì sān tāi • 세번 째 아이

□ 谢天谢地 xiè tiān xiè dì • 성 감지덕지하다

□ 总算 zǒngsuàn • 부 마침내. 드디어

□ 尽孝心 jìn xiàoxīn • 효도를 하다

⠿ 실전 회화 단어 ②

□ 明星 míngxīng • 명 스타

□ 仙女 xiānǔ • 명 선녀

□ 逗 dòu • 图 놀리다

□ 从来 cónglái • 부 지금까지. 여태껏

□ 浓 nóng • 형 짙다

□ 新郎官儿 xīnlángguānr • 명 신랑. 새서방

□ 接待 jiēdài • 图 접대하다

□ 见过一面 jiàn guo yí miàn • 한 번 본 적이 있다

□ 抛 pāo • 图 던지다

□ 成为 chéngwéi • 图 …으로 되다

□ 幸运 xìngyùn • 형 운이 좋다

□ 新娘 xīnniáng • 명 신부

□ 不许 bùxǔ • 图 …해서는 안 된다

□ 练 liàn • 图 연습하다

□ 接住 jiēzhù • 图 (던져준 물건을) 받다

□ 哈哈 hāhā • 의 하하(웃는 소리)

□ 如意 rúyì • 图 마음에 들다

□ 郎君 lángjūn • 명 낭군

기본 회화

Ⓐ 听说 你 通过 HSK 高级 了, 祝贺 你 呀!
Tīngshuō nǐ tōngguò HSK gāojí le, zhùhè nǐ yā!

Ⓑ 谢谢!
Xièxie!

Ⓐ 真 是 功夫 不 负 有 心 人啊!
Zhēn shì gōngfu bú fù yǒu xīn rén a!

Ⓑ 你 也 要 加油 啊!
Nǐ yě yào jiāyóu a!

회화 연습

通过 托福 考试
tōngguò tuōfú kǎoshì

拿 到 驾照
ná dào jiàzhào

Ⓐ：张强，你升科长了，是不是应该请大家吃顿饭？

Ⓑ：那还用说。

Ⓒ：部长，您还不知道吧？张强是双喜临门。

Ⓐ：又有什么喜事儿啊？

Ⓒ：他爱人给他生了个儿子。

Ⓐ：是吗？你终于如愿以偿了。

Ⓑ：可不是嘛！我爷爷和奶奶这辈子就盼望能抱个孙子。

Ⓐ：你妈最高兴了，是不是？

Ⓑ：那当然，我妈乐得整天合不拢嘴。

Ⓐ：其实生男生女都一样。

Ⓑ：可是我父母那一代人特别封建，讲究什么传宗接代。

Ⓐ：哎，老人就是这样。

Ⓑ：我们本来不想要第三胎，可是上边两个都是女儿，没办法只得再生一个。

Ⓐ：还好第三胎生了个儿子。

Ⓑ：谢天谢地！我总算尽了孝心了。

실전 회화 ❷

Ⓐ : 你今天结婚心情怎么样？

Ⓑ : 我也说不好，有点儿紧张，还有点儿发慌。

Ⓐ : 你今天化妆化得真漂亮，像明星，不对不对，像仙女。

Ⓑ : 别逗了，我从来没化过这么浓的妆，真有点儿不习惯。

Ⓐ : 哎，怎么看不到新郎官啊？

Ⓑ : 可能在外面接待客人呢。

Ⓐ : 我只见过他一面，都忘了长什么样儿了。

Ⓑ : 等会儿你就能看见他了。

Ⓐ : 你都结婚了，我连男朋友都没有。

Ⓑ : 别担心，我把花抛给你，你一定会成为下一个幸运新娘的。

Ⓐ : 说好了，不许抛给别人。

Ⓑ : 来，我们现在练一下，你站在离我最近的地方，然后我从前往后抛给你。

Ⓐ : 好的，你慢点儿抛，抛高点儿。

Ⓑ : 知道了，你接住啦。

Ⓐ : 哈哈，接住了，你看，我一次就成功了。

Ⓑ : 放心吧，今年你一定能找到你的如意郎君。

饥饿的猴子

　　一个男人领着一只猴子来到了酒吧，正当他和酒吧招待聊天儿的时候，猴子跑到乒乓球桌上抓起一个球就吞了下去。

　　"嘿！你的猴子怎么啦？它吃了一个球！" 招待对男人喊道。

　　"我也阻止不了它，" 男人解释道，"它见什么吃什么，我也没办法。"

　　几天后，这个男人又领着猴子来到酒吧。这次，猴子从盘子里抢了一粒花生，塞进屁股里，然后又抠出来塞进嘴里。

　　"它在做什么？" 招待惊讶地问道。

　　"它还是什么都吃，不过自从上次吃了乒乓球，现在它每次吃东西前，都要测量一下大小是否合适。"

问: 1. 猴子第一次跟主人去酒吧的时候，它吃了什么？

　　ⓐ 乒乓球　　　　　　　ⓑ 台球　　　　　　　ⓒ 气球

　　2. 猴子第二次跟主人去酒吧的时候，它为什么没直接吃花生？

　　ⓐ 因为花生太硬了　　　ⓑ 因为它有了第一次吃乒乓球的教训

독해 단어

领 lǐng・이끌다. 인솔하다
一只猴子 yì zhī hóuzi・원숭이 한 마리
酒吧 jiǔbā・술집. 바
酒吧招待 jiǔba zhāodài・바텐더
乒乓球桌 pīngpāngqiúzhuō・탁구대
抓 zhuā・잡다
吞了下去 tūn le xiàqu・삼켜버리다
嘿 hēi・어이. 여보
喊道 hǎndào・큰 소리로 외치다
阻止不了 zǔzhǐ bù liǎo・저지할 수 없다
解释 jiěshì・해석하다
盘子 pánzi・(구어) 접시
抢 qiǎng・빼앗다
一粒花生 yí lì huāshēng・땅콩 한 알

塞进 sāijìn・쑤셔 넣다
屁股 pìgu・엉덩이
抠出来 kōu chūlai・후벼내다
嘴 zuǐ・입
惊讶 jīngyà・의아해 하다
问道 wèndào・물어보다
自从 zìcóng・…이래. …부터
乒乓球 pīngpāngqiú・탁구
测量 cèliáng・측량하다
大小 dàxiǎo・크기
是否 shìfǒu・…인지 아닌지
合适 héshì・적당하다. 적합하다
硬 yìng・단단하다
教训 jiàoxùn・교훈

1 "终于"의 용법

'终于'는 '마침내, 결국'이라는 뜻으로 대개 바라던 일이 이루어졌음을 나타낸다.

(1) **终于 + 동사**

我终于成功了。 나는 드디어 성공했다.

(2) **终于 + 형용사**

天终于亮了。 날이 드디어 밝았다.
我爸爸的病终于好了。 아빠의 병이 마침내 다 나았다.

2 "就是这样"의 용법

'就是这样'은 다른 상황이 없음을 나타낸다.

老人就是这样。 나이 드시면 다 그래.

3 "只得"의 용법

'只得'는 '할 수 없이'라는 뜻으로 선택의 여지가 없음을 나타낸다.

没办法只得再生一个。 할 수 없이 (아이를) 하나 더 낳아야 합니다.

4 "总算"의용법

'总算'은 '드디어 …할 수 있게 되었다'는 뜻을 나타낸다.

我总算尽了孝心了。 나는 드디어 효도를 할 수 있게 되었다.
等了一天了，总算把你等来了。
하루 종일 너를 기다렸었는데, 결국 너를 보게 되었구나.

5 "从来"의용법

'从来'는 '여태껏, 지금까지'라는 뜻으로 예전부터 지금까지 계속 이러했음을 나타내는데, 뒤에 부정이 오는 경우가 많다.

他从来不吸烟。 그는 담배를 전혀 피우지 않는다.
我从来没这么想过。 나는 지금까지 이렇게 생각해 본 적이 없다.

성어 이야기

sài wēng shī mǎ
塞 翁 失 马
새옹지마

jǐng dǐ zhī wā
井 底 之 蛙
우물 안의 개구리

jǐn shàng tiān huā
锦 上 添 花
금상첨화

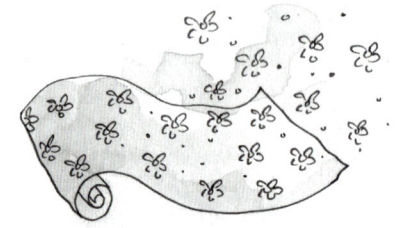

xián qī liáng mǔ
贤 妻 良 母
현모양처

bǎi wén bù rú yí jiàn
百 闻 不 如 一 见
백 번 듣는 것이 한 번 보는 것만 못하다

duì niú tán qín
对 牛 弹 琴
쇠귀에 거문고 뜯기. 쇠귀에 경읽기

어휘 플러스

❶ 祝贺 : _____축복하다, _____축원하다, _____축배사, _____생신을 축하하다
zhùhè

▶▶▶
ⓐ 祝福   ⓑ 祝愿   ⓒ 祝寿   ⓓ 祝酒辞
  zhùfú   zhùyuàn   zhùshòu   zhùjiǔcí

❷ 双喜临门 : _____맞벌이 부부, _____쌍둥이, _____짝수 번호, _____쌍방
shuāng xǐ lín mén

▶▶▶
ⓐ 双胞胎   ⓑ 双职工   ⓒ 双号   ⓓ 双方
  shuāngbāotāi   shuāngzhígōng   shuānghào   shuāngfāng

❸ 喜事儿 : _____대사, _____나쁜 일, _____공적인 일, _____괜찮다
xǐshìr

▶▶▶
ⓐ 没事儿   ⓑ 大事儿   ⓒ 坏事儿   ⓓ 公事儿
  méishìr   dàshìr   huàishìr   gōngshìr

❹ 终于 : _____결국, _____종일, _____평생, _____종점
zhōngyú

▶▶▶
ⓐ 终点   ⓑ 终日   ⓒ 终生   ⓓ 终究
  zhōngdiǎn   zhōngrì   zhōngshēng   zhōngjiū

❺ 封建 : _____폐쇄하다, _____책 표지, _____얼어붙다, _____밀봉하다
fēngjiàn

▶▶▶
ⓐ 封闭   ⓑ 封面   ⓒ 封冻   ⓓ 封口儿
  fēngbì   fēngmiàn   fēngdòng   fēngkǒur

어휘력 테스트

다른 색으로 표기되어 있는 단어와 가장 비슷한 뜻을 가진 단어를 보기 중에서 골라보세요.

❶ 还好第三胎生了个儿子。

    ⓐ 很好   ⓑ 还可以   ⓒ 幸亏   ⓓ 幸运

❷ 我爷爷和奶奶这辈子就盼望能抱个孙子。

    ⓐ 展望   ⓑ 盼着   ⓒ 希望   ⓓ 渴望

❸ 可是我父母那一代人特别封建。

    ⓐ 保守   ⓑ 落伍   ⓒ 守旧   ⓓ 落后

❹ 谢天谢地! 我总算尽了孝心了。

    ⓐ 算计   ⓑ 算是   ⓒ 是   ⓓ 计算

❺ 说好了, 你不许抛给别人。

    ⓐ 不允许   ⓑ 不可以   ⓒ 不是   ⓓ 不能

❻ 我只见过他一面, 都忘了长什么样儿了。

    ⓐ 脸   ⓑ 一次   ⓒ 一方面   ⓓ 两方面

❼ 放心吧, 今年你一定能找到你的如意郎君。

    ⓐ 心上人   ⓑ 君子   ⓒ 丈夫   ⓓ 男朋友

서술하기 연습

修路 xiūlù 도로를 정비하다

拆 chāi 헐다

18 希望我们合作愉快!

즐거운 협력 관계가 되기를 기원합니다!

:: 기본 회화 단어

- 支付 zhīfù · 동 지불하다
- 信用证 xìnyòngzhèng · 명 신용장
- 货款 huòkuǎn · 명 상품 대금. 물건 값
- 现金 xiànjīn · 명 현금
- 规定 guīdìng · 명 규칙. 규정
- 有关 yǒuguān · 동 …에 관계되다
- 进出口 jìnchūkǒu · 명 수출입
- 业务 yèwù · 명 업무
- 人民币 rénmínbì · 명 인민폐
- 欧元 ōuyuán · 명 유로
- 韩币 hánbì · 명 한국 화폐

:: 실전 회화 단어 ①

- 产品 chǎnpǐn · 명 제품
- 屏幕 píngmù · 명 (모니터의) 스크린
- 款式 kuǎnshì · 명 디자인. 스타일
- 新颖 xīnyǐng · 형 참신하다
- 增加 zēngjiā · 동 증가하다
- 价格 jiàgé · 명 가격
- 最低价 zuìdījià · 명 최저가
- 各自 gèzì · 각자
- 让 ràng · 동 양보하다
- 美分 měifēn · 명 (달러의) 전
- 下订单 xià dìngdān · 주문서를 내다
- 超过 chāoguò · 동 초과하다
- 集装箱 jízhuāngxiāng · 명 컨테이너
- 合作 hézuò · 명 동 협력(하다)

:: 실전 회화 단어 ②

- 合同 hétong · 명 계약서
- 签合同 qiān hétong · 계약서에 서명하다
- 领导 lǐngdǎo · 명 상사
- 汇报 huìbào · 동 상황을 종합하여 상급자 또는 대중에게 보고하다
- 具体 jùtǐ · 형 구체적이다
- 交货 jiāohuò · 동 물품을 인도(引渡)하다. 납품하다
- 至少 zhìshǎo · 부 최소한
- 尽快 jǐnkuài · 부 되도록 빨리
- 愉快 yúkuài · 형 유쾌하다. 기쁘다
- 联系 liánxì · 동 연락하다

:: 실전 회화 단어 ②

- 咳 hāi · 감 아이참. 아이고
- 裁减 cáijiǎn · 동 감축하다. 줄이다
- 人员 rényuán · 명 인원. 요원
- 共事 gòngshì · 동 함께 일하다
- 裁 cái · 동 해고하다
- 不敢 bù gǎn · 감히 …하지 못하다
- 借口 jièkǒu · 명 핑계
- 躲 duǒ · 동 피하다. 숨다
- 公事公办 gōng shì gōng bàn · 성 공적인 일은 공정하게 원칙적으로 처리하다
- 车到山前必有路 chē dào shān qián bì yǒu lù · 속 수레가 산 앞에 이르면 길이 있는 법이다; 궁하면 통한다
- 妙法 miàofǎ · 명 묘안. 기묘한 방법
- 人事 rénshì · 명 인사 관계

 기본 회화

Ⓐ 你们 用 什么样 的 支付 方式?
Nǐmen yòng shénmeyàng de zhīfù fāngshì?

Ⓑ 我们 用 开 信用证 的 方式。
Wǒmen yòng kāi xìnyòngzhèng de fāngshì.

Ⓐ 货款 也 不 太 多, 可 不 可以 用 现金 支付?
Huòkuǎn yě bú tài duō, kě bu kěyǐ yòng xiànjīn zhīfù?

Ⓑ 我们 公司 有 规定, 有关 进出口 业务 都 要 用 开
Wǒmen gōngsī yǒu guīdìng, yǒuguān jìnchūkǒu yèwù dōu yào yòng kāi

信用证 的 方式。
xìnyòngzhèng de fāngshì.

Ⓐ 噢, 是 这样, 那 就 只好 这样 了。
Ō, shì zhèyàng, nà jiù zhǐhǎo zhèyàng le.

회화 연습

用 美元 支付 —— 人民币
yòng měiyuán zhīfù   rénmínbì

用 欧元 支付 —— 韩币
yòng ōuyuán zhīfù   hánbì

Ⓐ : 这是我们公司的最新产品。

Ⓑ : 这个PMP跟以前的比屏幕大多了。

Ⓐ : 您瞧, 款式也很新颖, 而且还增加了不少功能呢。

Ⓑ : 不过价格有点儿高了。

Ⓐ : 这已经是最低价了, 不能再便宜了。

Ⓑ : 那我们各自再让5美分, 怎么样?

Ⓐ : 如果你们下的订单超过一集装箱的话, 我们可以考虑。

Ⓑ : 恐怕没有那么多, 但是以后一定会越来越多的。

Ⓐ : 那好吧, 那我们就各自再让5美分。

Ⓑ : 谢谢您的合作。

Ⓐ : 那什么时候签合同呢?

Ⓑ : 我先向公司领导汇报一下情况, 然后再通知你们具体时间。

Ⓐ : 好的, 我们等着听你的消息。

Ⓑ : 我再问一下, 从下订单到交货大概要多长时间?

Ⓐ : 至少要一个月。

Ⓑ : 知道了, 我会尽快跟你们联系的。

Ⓐ : 希望我们合作愉快!

실전 회화 ②

A : 最近过得怎么样?

B : 咳, 别提了, 我们公司正在裁减人员, 头疼死了。

A : 怎么? 连你这个人事部主任也包括在内啊?

B : 那倒不是。

A : 那你担什么心啊?

B : 大家都共事这么多年了, 关系都处得挺好的, 裁谁都不好。

A : 这种事是有点儿难办。

B : 最近我都不敢在公司里呆, 每天都找借口出去。

A : 躲也不是办法啊!

B : 那你说怎么办?

A : 公事公办呗。

B : 说起来容易, 做起来难啊!

A : 算了, 别去想它了, 车到山前必有路。

B : 我也没什么妙法, 也只能这样了。

A : 看样子做人事工作并不像我所想得那么容易啊!

프리토킹

1. 请你谈一谈结婚前后男人和女人的变化。

2. 结婚以后，你是先买房子还是先买车？为什么？

3. 谈恋爱的时候，你被人甩过吗？

4. 如果你的孩子要跟外国人结婚的话，你会反对吗？

5. 你觉得早结婚好还是晚结婚好？为什么？

6. 结婚以后跟父母一起住好还是分开住好？为什么？

7. 如果你中了五十亿元的彩票，你将怎样安排这笔钱？

8. 如果你只能活6个月的话，你最想做的事情是什么？

9. 退休以后你打算干什么？

10. 结婚以后，你赞成妇女继续工作还是呆在家里？

11. 你觉得男女之间有没有真正的友情？

12. 你对炒股和买基金有什么看法？

프리토킹 단어

变化 biànhuà • 변화

前后 qiánhòu • (어떤 시간의) 전후

甩 shuǎi • 떼어놓다

被人甩过 bèi rén shuǎi guo • (연인 사이에) 차인 적이 있다

反对 fǎnduì • 반대하다

分开住 fēnkāi zhù • 따로 살다

彩票 cǎipiào • 복권

安排 ānpái • 안배하다. 배치하다

活 huó • 살다. 생존하다

退休 tuìxiū • 퇴직(하다)

赞成 zànchéng • 찬성하다

继续 jìxù • 계속하다

呆 dāi • 하는 일이 없이 빈둥거리다

真正 zhēnzhèng • 진정한

炒股 chǎogǔ • 주식 투기 하다

基金 jījin • 1. 펀드 2. 기금

看法 kànfǎ • 견해

1 "只好"의 용법

'只好'와 '只得'는 모두 '할 수 없이'라는 뜻을 나타낸다.

那就只好这样了。 그러면 그렇게 할 수 밖에 없네요.
明天要下大雨，运动会只好推迟了。
내일 비가 많이 온다니 운동회를 연기할 수 밖에 없다.

2 "只能"의 용법

'只能'은 '다만 …할 수 있을 뿐이다'라는 뜻을 나타낸다.

只能这样了。 그렇게 할 수 밖에 없네요.
只能去一个人。 한 사람만 갈 수 있습니다.

3 "是"를 이용한 강조

의미 : 일반적으로 술어(동사나 형용사) 앞에 '是'를 사용하여 서술하는 상황이 확실
함을 강조한다.

这种事是有点儿难办。 이런 일은 처리하기가 조금 곤란하지.
他是去过美国。 그가 미국에 가본 적이 있는 거 맞아.
他的身体是不错。 그의 몸은 아주 건강하다니까.

4 "敢"의 용법

'敢'은 '용기 있게 …하다, 과감하게 …하다'라는 뜻으로 단독으로도 쓰이며, 부정
형은 '不敢'이다.

敢想敢干。 과감하게 생각하고 용기있게 행동하다.
最近我都不敢在公司里呆。 난 요즘 감히 회사에도 있지 못해.
过去连想都不敢想的事，现在变成了现实。
옛날에는 생각도 할 수 없었던 일들이 지금은 현실로 변했다.

liú yǎnlèi
流 眼泪
눈물을 흘리다

liú hàn
流 汗
땀을 흘리다

liú kǒushuǐ
流 口水
군침을 흘리다

dǎ hūlu
打 呼噜
코를 골다

dǎ pēnti
打 喷嚏
재채기를 하다

dǎ gé
打 嗝
트림하다. 딸꾹질하다

chuī kǒushào
吹 口哨
휘파람을 불다

qiāng zháo le
呛 着 了
사레가 들었다

yē zháo le
噎 着 了
음식이 목에 걸렸다

他们公司向中国出口什么?

_____。

价格贵了点儿，你们能不能再让两美元?

_____。

合同签好了没有?

没有，他说要向公司领导_____。

款式还可以，不过屏幕_____，另外功能_____。

这是我们公司的最新产品。

어휘력 테스트

❋ 다른 색으로 표기되어 있는 단어와 가장 비슷한 뜻을 가진 단어를 보기 중에서 골라보세요.

❶ 恐怕没有那么多，但是以后一定会越来越多的。

    ⓐ 因为　　　　　ⓑ 可怕　　　　　ⓒ 害怕　　　　　ⓓ 可能

❷ 我们公司正在裁减人员，头疼死了。

    ⓐ 裁员　　　　　ⓑ 精简人员　　　　ⓒ 从新改组　　　　ⓓ 裁人

❸ 大家都共事这么多年了，关系都处得挺好的，裁谁都不好。

    ⓐ 相处　　　　　ⓑ 处理　　　　　ⓒ 相互　　　　　ⓓ 和睦

❹ 这种事是有点儿难办。

    ⓐ 不简单　　　　ⓑ 容易　　　　　ⓒ 不好　　　　　ⓓ 困难

❺ 躲也不是办法啊！

    ⓐ 躲起来　　　　ⓑ 躲藏　　　　　ⓒ 躲避　　　　　ⓓ 回避

❻ 我也没什么妙法，也只能这样了。

    ⓐ 仅仅　　　　　ⓑ 可能　　　　　ⓒ 只好　　　　　ⓓ 就

❼ 算了，别去想它了，车到山前必有路。

    ⓐ 到时候会有办法的　　　ⓑ 一定不会有办法的　　　ⓒ 不会没有办法

서술하기 연습

妈妈,
生日快乐!

memo

01 什么时候能发货?

기본 회화

A : FOB 가격은 얼마입니까?
B : 15불입니다.
A : CIF 가격은요?
B : 28불입니다.

실전 회화 1

A : 여보세요, 안녕하세요! 호스쨔 상업 · 무역 유한회사입니다.
B : 원밍인데요, 이 과장님 계세요? 주문을 좀 하려고요.
A : 안 계세요. 중국에 출장 가셨습니다. 저한테 직접 말씀하세요.
B : 네. 흑색 잉크 150통, 빨간색 잉크 80통 그리고 청색 잉크 40통을 주세요.
A : 정말 죄송한데요, 청색 잉크는 지금 품절입니다.
B : 그럼 우선 흑색 잉크와 빨간색 잉크를 주세요.
A : 네. 내일 출고하면 모레 도착하는데 괜찮습니까?
B : 네. 참, 지난 주에 발송해 주신 흑색 잉크 중 한 통이 샜습니다.
A : 정말 죄송합니다. 그럼 이번에 한 통 더 발송해 드릴게요.
B : 그럴 필요는 없고요, 앞으로 이런 상황이 다시 발생하면 안 됩니다.
A : 그럼요. 그리고 청색 잉크는 필요합니까?
B : 필요합니다. 언제 출고할 수 있습니까?
A : 대략 5일 후요.
B : 그럼 5일 후에 발송해 주세요.
A : 네.

실전 회화 2

A : 어떻게 불량품이 이렇게 많이 나오게 된 겁니까? 도대체 무슨 문제죠?
B : 아직은 잘 모르겠습니다. 저희들이 하루 종일 검사를 해보았지만 아직 원인을 찾아내지 못했습니다.
A : 오늘 반드시 원인을 찾아내야 합니다. 그렇지 않으면 제때에 물품을 인도할 방법이 없습니다.
B : 최대한 노력해 보겠습니다.
A : 내가 당신에게 보내라고 한 팩스는 모두 발송하였습니까?

B : 모두 발송했습니다, 두 회사의 팩스 번호가 잘못된 것 같습니다.
A : 어느 회사인데요?
B : 밍신과 신씽입니다.
A : 그럼 이 두 회사에 전화하여 다시 확인해 보세요.
B : 네. 참, 오늘 오전에 세관에서 전화가 왔었습니다.
A : 뭐라고 말하던가요?
B : 과장님께서 오후 1시에 회사에서 그들을 기다려달라고 하였습니다.
A : 이렇게 중요한 일을 왜 이제서야 나에게 알려주는 겁니까?
B : 죄송합니다. 과장님.
A : 내가 당신들에게 화내는 게 아니라, 아침부터 지금까지 사람을 기쁘게 하는 일이 하나도 없잖아요.

02 我被老师批评了一顿。

기본 회화

A : 일요일의 축구 시합 결과가 어떻게 됐어?
B : 네가 알아맞혀 볼래?
A : 상대방이 너희들에게 패배를 당했겠지. 그렇지?
B : 그럼.

실전 회화 1

A : 너 왜 우거지상을 하고 있어?
B : 선생님에게 한바탕 야단맞았다.
A : 무엇 때문에?
B : 오늘 내가 10분 지각한 이유로.
A : 사소한 일 때문에 니가 이렇게 기분 나빠할 정도는 아니잖아?
B : 넌 몰라. 이렇게 사소한 일 때문에 선생님이 나에게 한 시간 동안 벌서게 했다니까.
A : 보아하니 너희 선생님이 아주 엄하시구나!
B : 엄하신 게 아니라, 조금 지나치신 거지.
A : 우리 선생님은 걸핏하면 학부모를 찾으셔.
B : 선생님은 사소한 일을 떠들썩하게 하기를 좋아하지.
A : 그래야 니가 다음에 지각을 안 하지.
B : 나는 선생님이 차라리 교육 방식을 바꾸었으면 좋겠어.
A : 너는 지금 학생이니 선생님의 교육 방식에 적응할 수 밖에 없잖아.

B : 그렇기는 해.

실전 회화 2

A : 코치 선생님, 오늘 일요일인데, 왜 체육관에 나오셨습니까?

B : 그냥 둘러보려고, 다음 달 테니스 시합 준비 잘 되가고 있지?

A : 매일 연습을 하고 있지만 마음속으로 자신감이 없습니다.

B : 사실은 시합을 할 때 심리적인 요소가 아주 큰 비중을 차지하거든.

A : 그런데 저는 늘 당황하고 주눅듭니다.

B : 최선을 다해야 해.

A : 저는 시합장에 나가기만 하면 당황합니다.

B : 너 자신에 대하여 자신이 있어야 돼.

A : 코치 선생님, 제가 어떤 훈련을 강화해야 한다고 생각합니까?

B : 체력 훈련을 강화해야 해.

A : 네. 알겠습니다.

B : 그리고 영양 보충도 해야 하고.

A : 요즘 제가 보약을 먹고 있습니다.

B : 그럼 더욱 문제 없겠구나. 안심해. 네가 반드시 이길 거야.

A : 저는 이번에 꼭 우승할 겁니다.

B : 네가 반드시 우승할 거야. 난 너를 믿어.

03 去美国留学要花很多钱。

기본 회화

A : 졸업하면 무엇을 할 생각입니까?

B : 미국에 유학을 가려고 합니다.

A : 그러면 돈이 많이 들텐데요.

B : 공부하면서 아르바이트를 하고, 그리고 제가 모아놓은 돈이 좀 있거든요.

실전 회화 1

A : 지금 외국으로 유학 가는 사람이 점점 더 많네요.

B : 그래요. 제게 친한 친구가 하나 있는데, 그의 두 아이는 모두 외국에서 유학하고 있습니다.

A : 당신은 유학 문제를 어떻게 생각합니까?

B : 여건이 되면 저는 외국에 유학 가는 것을 아주 찬성합니다.

A : 저는 너무 일찍 유학 가면 아이의 심리적 건강에 안좋은 영향이 있을 거라고 생각합니다.

B : 그러나 언어학자들이 말하기를 외국어를 배우기 가장 좋은 연령은 12살부터 16살이랍니다.

A : 당신은 당신의 아이를 외국으로 유학을 보낼 예정입니까?

B : 저는 아이가 고등학교 1학년에 들어갈 때 캐나다에 유학을 보낼 예정입니다.

A : 아이들 혼자서 가는 겁니까, 아니면 식구들 함께 가는 겁니까?

B : 저는 갈 수 없고요, 부인이 아이들과 함께 갈 것입니다.

A : 그럼 당신은 어떻게 합니까? 혼자서 너무 외롭잖아요.

B : 아이고, 방법이 없잖아요!

A : 저는 부인 그리고 아이들과 떨어져 혼자서 생활하는 것을 견딜 수 없습니다.

B : 견딜 수 없어도 견뎌야 합니다!

A : 대단하십니다, 당신은 저보다 훨씬 위대합니다!

B : 위대한 것이 아니라 방법이 없는 것이죠!

실전 회화 2

A : 당신 학교의 숙박 여건은 어떻습니까?

B : 숙박 여건은 그런대로 괜찮습니다. 그런데 나의 룸메이트가 귀찮아 죽겠어요.

A : 왜요?

B : 그의 생활 습관은 저랑 정반대입니다.

A : 어떻게 반대인데요?

B : 그는 늦게 자고 늦게 일어나는 것을 좋아하고, 저는 일찍 자고 일찍 일어나는 것을 좋아합니다.

A : 당신은 그 사람이랑 같은 방 씁니까?

B : 네. 그는 매일 늦게 잘 뿐만 아니라, 코도 곱니다.

A : 방을 바꾸면 되잖아요.

B : 누구랑 바꿔요? 누가 코를 고는 사람이랑 같은 방을 쓰려고 하겠습니까?

A : 모두 학우인데, 아쉬운 대로 참으세요.

B : 하루 이틀이면 저도 참을 텐데, 4년이란 말이예요, 저는 참을 수 없어요.

A : 그럼 그 사람하고 얘기를 잘 해 보세요. 혹시 해결 방법이 있을 수도 있어요.

B : 제가 그 사람이랑 얘기를 해 보았어요. 그가 말하기

를 자기도 고치고 싶은데 고칠 수 없답니다.

A : 제가 들은 바로는 코를 고는 것도 일종의 병인데, 수술을 하면 나을 수도 있대요.

B : 그래요? 그럼 그 사람하고 얘기해 봐야겠네요.

04 谢谢你来机场接我。

기본 회화

A : 부산 가는 비행기표 두 장 주세요.

B : 창측 좌석을 원하십니까, 아니면 복도측 좌석을 원하십니까?

A : 창측 좌석으로 주세요.

B : 네.

실전 회화 1

A : 안녕하세요! 러메이의 장 선생님이시죠?

B : 네. 당신은…

A : 저는 천꾸앙의 왕다웨이입니다. 한국에 오신 것을 환영합니다.

B : 공항까지 나와 주셔서 감사합니다.

A : 당연한 거죠. 우선 호텔까지 모셔다드릴까요?

B : 네.

A : 오늘 저녁에 무슨 약속이 있습니까?

B : 없습니다.

A : 저희 사장님이 식사 초대를 하려고 합니다.

B : 오래된 거래처 손님인데, 그렇게 격식을 차릴 필요는 없습니다.

A : 저희 사장님께서 이번에는 꼭 식사 대접을 해야 한다고 하셨습니다.

B : 좋아요. 분부에 따르는 편이 좋을 것 같네요.

A : 저녁 6시에 호텔에 모시러 갈게요.

B : 6시는 아마 안 될 것 같습니다. 7시로 하면 안 될까요?

A : 됩니다, 그럼 저녁 7시에 뵙겠습니다.

실전 회화 2

A : 샤오왕, 한국 손님 투숙할 곳을 모두 안배해 놓았습니까?

B : 이미 안배해 놓았습니다.

A : 몇 성 급인데요?

B : 5성 급입니다. 게다가 우리 회사에서 아주 가깝습니다.

A : 좋아요. 그럼 투숙 문제는 이미 해결되었고, 식사 건은 어떻게 하죠?

B : 한국인은 매운 것을 좋아하니 사천 요리가 한국인 입맛에 맞을 것 같습니다.

A : 이 근처에 한국 식당이 있습니까?

B : 이 근처에는 아마 없는 것 같습니다. 구베이에 많이 있다고 들었습니다.

A : 그곳은 우리 회사에서 너무 머니까 근처에 있는지 다시 한 번 알아봐 주세요. 그리고 한국 손님을 도와서 돌아가는 비행기표를 예약해 주세요.

B : 이코노미석으로 할까요, 아니면 비즈니스석으로 할까요?

A : 사장님을 제외하고 모두 이코노미석으로 해 주세요.

B : 또 다른 분부 있으십니까?

A : 없습니다. 며칠간 한국 손님은 당신에게 맡깁니다.

B : 안심하세요. 반드시 한국 손님이 만족하도록 하겠습니다.

05 生活设施很齐全。

기본 회화

A : 한국에서 한 달의 집세는 일반적으로 얼마입니까?

B : _____.

A : 중개 수수료는요?

B : _____.

실전 회화 1

A : 셋집을 하나 구하려고 합니다.

B : 어떤 집을 구하려고 합니까?

A : 방 3칸, 거실 하나, 주방 하나, 화장실 두 개, 좋기는 교통이 편리하고 주변 환경이 좋으며 생활 시설이 완비된 집이요.

B : 방은 있는데 어떤 가격대를 원하시는지 모르겠네요.

A : 가격은요, 천 달러 정도면 됩니다.

B : 위치는요?

A : 국제학교 그리고 시 중심과 좀 가까운 데가 좋겠네요.

B : 얼마 동안 임대하실 겁니까?

A : 제가 상하이에서 3년 동안 있을 건데요, 우선 1년을 임대하고 나서 일 년씩 재계약 하려고요.

B : 네, 지금 마침 빈 방이 하나 있는데요, 당신이 가 보고 싶으면 제가 같이 가드릴게요.

A : 어디에 있습니까? 여기에서 멉니까?

B : 여기에서 멀지 않습니다. 운전해서 10분 정도 걸립니다.

A : 제 차가 밖에 있으니 제 차로 갑시다.

B : 좋아요, 그럼 당신이 운전하시고 제가 길을 안내해 드릴게요.

실전 회화 2

A : 지금 당신이 살고 있는 집은 세들어 있는 것입니까 아니면 사신 겁니까?

B : 산 겁니다.

A : 이렇게 젊으신데 벌써 자기 집이 있다니 정말 대단합니다!

B : 별말씀을요, 할부로 산 겁니다.

A : 지금 집을 사는 사람 중 할부로 안 하는 사람이 어디 있습니까?

B : 아이구, 매달 월급의 반이 대출금으로 나가야하니 힘들어 죽겠습니다.

A : 어쨌든 집을 사는 것이 세들어 사는 것보다 이익이잖아요.

B : 그렇기는 합니다. 당신은 왜 집을 사지 않아요?

A : 내년에 살 예정입니다.

B : 제가 권하는데요, 그래도 일찍 사세요, 내년에 집값이 오를 수도 있어요.

A : 며칠 전 제가 주식을 좀 샀기 때문에 자금이 좀 부족합니다.

B : 당신은 주식도 합니까?

A : 소리를 좀 낮추세요, 제 아내가 알게 되면 큰일납니다.

B : 본전을 잃는 것이 두렵지 않습니까?

A : 제가 산 주식은 모두 우량주이기 때문에 절대로 밑지지 않습니다.

B : 그러면 괜찮죠.

06 我好不容易才找到你家。

기본 회화

A : 말씀 좀 여쭙겠습니다. 우체국에 가려면 어떻게 가야합니까?

B : 곧장 앞으로 가다가 사거리에서 우회전 하세요.

A : 여기에서 멉니까?

B : 그다지 멀지 않습니다, 운전하면 5분 밖에 안 걸립니다.

실전 회화 1

A : 당신의 집을 아주 어렵게 찾았어요.

B : 한 번 온 적이 있지 않아요?

A : 저는요, 기억력이 안 좋아요. 건망증이 좀 있습니다.

B : 저희 집은 찾기가 쉽지 않습니다. 여기는 골목이 특히 많아요.

A : 제가 많은 사람들에게 물어보는데요, 다들 모른다고 하던데요.

B : 저를 언급하면 당연히 모르죠. 저는 매일 일찍 나가서 늦게 들어오기 때문에 주위의 이웃들과 왕래가 별로 없습니다.

A : 당신의 부인도 언급했었는데요.

B : 아내를 언급해도 안 됩니다. 주소를 말씀하셔야 알 수 있죠.

A : 제가 어떻게 당신의 집 주소를 알 수 있겠습니까?

B : 제가 당신의 핸드폰에 주소를 보내드리지 않았어요?

A : 언제 보냈는데요? 저는 보지 못했는데요.

B : 오늘 점심 때 보냈어요.

A : 네, 제가 핸드폰의 벨소리를 진동으로 해 놓았거든요.

B : 어쩐지 제가 당신에게 두 번이나 전화를 했는데 모두 안 받으시더라고요. 참, 제가 부탁한 책을 가지고 오셨습니까?

A : 하마터면 잊을 뻔했는데요, 다행히 문을 나설 때 생각이 났어요.

실전 회화 2

A : 우리 지나쳐 온 것 아니예요?

B : 저도 한 번 온 적이 있는데, 이렇게 멀지 않은 것 같아요.

A : 제가 운전하기 때문에 전화하기가 불편하니 당신이 전화해서 좀 물어보세요.

B : 네. 제 핸드폰의 신호가 왜 이렇게 약하죠?

A : 그럼 제 핸드폰으로 하세요.

B : 핸드폰을 어디에 놓으셨습니까?

A : 핸드폰을 가방 속에 놓았습니다.

B : 아이구, 당신 핸드폰의 신호가 제 핸드폰보다 못하네요.

A : 터널 안은 신호가 모두 약할 겁니다. 터널을 지난 다음 다시 하세요.

B : 이 터널은 정말 기네요!

A : 이것이 현재 우리나라에서 가장 긴 터널이라고 들었습니다.

B : 신호가 있어요. 해도 될 것 같습니다.

A : 좀 자세하게 물어보세요.

B : 전화번호가 몇 번이죠?

A : 방금 제가 그들에게 전화를 한 통 했으니 그냥 통화 버튼만 누르면 됩니다.

B : 알았어요.

07 春节吃饺子。

기본 회화

A : 중국에서 음력설을 셀 때 무엇을 먹습니까?

B : 만두를 먹습니다.

A : 추석에는요?

B : 월병을 먹습니다.

A : 왜 월병을 먹습니까?

B : 월병의 모양이 달과 비슷하기 때문에 월병은 달을 대표합니다.

실전 회화 1

A : 중국인들은 음력설을 셀 때 어떤 풍속이 있습니까?

B : 우선은 온 집안 식구들이 모여서 함께 제야에 먹는 음식을 먹습니다.

A : 폭죽도 터뜨리는 것 같은데요.

B : 네, 밤 12시에 폭죽을 터뜨립니다.

A : 왜 폭죽을 터뜨립니까?

B : 귀신을 쫓기 위해서입니다.

A : 이것 말고 또 다른 것들이 있습니까?

B : 새 양말을 사고 새 신발을 신습니다.

A : 그것은 또 무엇 때문이죠?

B : 천 리 길도 한 걸음부터 시작 된다. 새로운 한 해에는 새로운 시작이 있어야 한다는 의미입니다.

A : 네, 그렇군요. 그럼 문에 "복"자를 거꾸로 붙이는 것은 무슨 뜻이죠?

B : "복이 거꾸로 되었다"와 "복이 도착하였다"의 음이 비슷하잖아요.

A : 참 재미있군요.

B : 친척과 친구들은 서로 새해 인사도 드립니다.

A : 중국인은 음력설을 셀 때 숨은 의미가 참 많네요!

실전 회화 2

A : 이것은 무슨 옷입니까? 아주 운치가 있어 보이네요!

B : 이것은 중국 전통 옷 치파오라고 합니다.

A : 정말 예쁘네요! 제가 입어봐도 됩니까?

B : 당연히 되죠.

A : 어떻게 입습니까?

B : 자, 제가 입는 것을 도와드릴게요.

A : 아이고, 너무 꼭 끼네요. 안 들어갈 것 같습니다.

B : 당신의 체형은 저랑 비슷하잖아요. 입을 수 있을 겁니다.

A : 입을 수 없어요. 너무 꼭 낍니다.

B : 좀 기다리세요, 곧 됩니다.

A : 이 옷은 입기 정말 어렵네요! 다른 사람의 도움이 있어야 입을 수 있으니 말입니다.

B : 움직이지 마세요! 다 입었습니다. 거울을 한 번 보세요.

A : 하하, 제가 중국인 같아요?

B : 비슷한데요. 아주 비슷합니다. 잠깐 기다리세요. 제가 카메라를 가지고 와서 사진을 좀 찍어드릴게요.

A : 좋아요. 우리 둘도 한 장 찍읍시다.

B : 그럼 삼각대도 가지고 올게요.

08 旺季和淡季大概要差多少钱?

기본 회화

A : 우리는 우선 어디에 갑니까?

B : 우선 쿤밍에 갔다가 그 다음 꾸이린에 갑니다. 마지막에 충칭에서 다시 서울로 돌아옵니다.

A : 자유 활동 해도 됩니까?

B : 안 됩니다. 우리는 단체 여행이기 때문에 반드시 여행단을 따라다녀야 합니다.

실전 회화 1

A : 안녕하세요! 잠깐 실례합니다. 어느 분이 장 주임님이시죠?

B : 전데요. 당신은 누구시죠?

A : 제가 방금 전에 당신에게 전화를 했었습니다.

B : 네. 당신이군요. 이쪽으로 오세요.
A : 식구들과 함께 동남아 여행을 하려고 하는데요.
B : 언제 갈 예정이십니까?
A : 7월 말 혹은 8월 초요.
B : 그때는 마침 여행 성수기라서 가격이 좀 비쌉니다.
A : 그럼 언제 비교적 쌉니까?
B : 6월에 비교적 쌉니다.
A : 성수기와 비수기의 가격 차는 대략 어느 정도입니까?
B : 대략 25% 정도 차이가 납니다.
A : 그렇게 많이 차이납니까? 그럼 집에 돌아가서 식구들이랑 상의를 좀 해봐야겠네요.
B : 네, 그럼 상의를 한 다음 다시 저를 찾아오세요. 이것은 제 명함입니다.
A : 다음에 제가 또 당신을 찾을게요. 그런데요 좀 싸게 해주셔야 합니다.
B : 그럼요. 제가 당신에게 드리는 가격은 틀림없이 최저가일 것입니다.

실전 회화 2

A : 이 별장은 정말 예쁘네요!
B : 자, 이쪽으로 와보세요. 이것은 모두 제가 직접 심은 것입니다.
A : 정말요? 정말 대단하군요. 모두 무엇을 심었습니까?
B : 배추·상추·고추·토마토, 그리고 가지도 있습니다.
A : 당신은 매일 출근을 하면서 이런 것을 할 시간이 어디 있습니까?
B : 강아지 두 마리도 키웠습니다.
A : 아이고, 제가 볼 땐 아예 퇴직을 하고 농장을 운영하세요.
B : 당신 말이 맞았어요. 제가 퇴직 준비를 하고 있는걸요.
A : 네? 농담하는 거 아니시죠?
B : 당신 보기에 제가 농담하는 것 같습니까?
A : 여기에 있으면 외롭지 않으세요?
B : 여기에 이렇게 많은 화초와 나무가 있고, 또 귀여운 강아지도 있는데 외로울 수 있겠습니까?
A : 제가 볼 땐 당신은 너무 푹 빠져 있는 것 같아요.
B : 당신이 뭐라고 하든 상관 없습니다. 어쨌든 저는 지금 사는 것이 예전보다 훨씬 충실하니까요.
A : 당신의 부인도 여기에 사는 것을 좋아합니까?
B : 처음에는 별로 좋아하지 않았는데요, 지금은 많이 좋아졌습니다. 다행히 부인이 적응력이 비교적 강합니다.

09 你说话可得算数啊。

기본 회화

A : 당신의 다리가 왜 그래요?
B : 어제 계단을 내려올 때 부주의로 넘어졌어요.
A : 아이고, 다리를 심하게 다친 것 같은데, 병원에 안 가봐도 되겠어요?
B : 관심 가져 주셔서 감사합니다. 그럴 필요는 없는 것 같습니다.

실전 회화 1

A : 아직 얼마 남았어요?
B : 곧 도착합니다.
A : 10분이라고 하더니 지금 벌써 반 시간 넘게 걸렸잖아요.
B : 내가 30분 넘게 걸어야 한다고 하면 당신이 나를 안 따라나올 것이잖아요.
A : 당신이 나를 속인 것이군요.
B : 매일 집에만 있고 운동을 하지 않으면 건강에 아주 안 좋습니다.
A : 그런데 걷는 것이 운동이라고 할 수 없잖아요!
B : 당신의 말이 틀렸어요. 걷는 것은 아주 좋은 일종의 운동이에요, 그리고 빨리 걷는 것은 다이어트도 됩니다.
A : 알고 보니 당신이 내가 뚱뚱하다고 나를 끌고 나와 걷는 것이군요.
B : 나는 당신을 위해서인데. 뚱뚱하면 좋은 점이 있어요?
A : 마른 것이 뚱뚱한 것보다 좋다는 것을 모르는 사람이 없어요. 그러나 다이어트를 한다는 것은 말로는 쉽지만 실천하기는 어렵잖아요!
B : 내가 매일 당신과 함께 신체 단련을 할게요. 어때요?
A : 좋아요, 그런데 당신이 약속을 했으니 꼭 지켜야 합니다.
B : 내가 언제 약속을 하고 지키지 않았어요?
A : 언제인지는 기억이 나지 않지만 그런 적이 있었던 것 같아요.
B : 이번에는 그러지 않을게요. 안심하세요.

실전 회화 2

A : 환자의 가족은 누구시죠?

B : 제가 환자의 가족입니다. 무슨 일이죠?

A : 지금 환자가 긴급 수혈을 해야 하는데, 혈액 은행에 혈액이 떨어졌습니다.

B : 어떤 혈액형이 필요합니까?

A : AB형이요.

B : 공교롭게도 저는 B형이네요.

A : 그럼 다른 친척분들에게 전화를 하여 물어봐 주실 수 있습니까?

B : 네. 의사선생님, 제 삼촌의 지금 병세가 어떻습니까? 위험합니까?

A : 지금은 알 수 없습니다.

B : 의사선생님, 어떻게 해서든지 저희 삼촌을 꼭 살려주세요.

A : 안심하세요. 저희들은 반드시 최선을 다 할 것입니다.

B : 의사 선생님 감사합니다!

A : 그리고 수술에 관한 구체적인 사항을 가족에게 설명을 좀 드려야 하는데, 사무실로 오세요.

B : 의사 선생님, 제가 우선 전화를 하고 나서 사무실에 가서 선생님을 찾아뵙겠습니다.

A : 네, 그럼 사무실에서 기다리겠습니다.

10 什么风把你吹来了？

기본 회화

A : 예금하실 겁니까, 아니면 돈을 찾으실 겁니까?

B : 돈을 찾으려고요.

A : 우선 예금 인출 양식을 작성한 다음 8번 창구로 가셔서 처리하세요.

B : 감사합니다.

실전 회화 1

A : 무슨 바람이 불어서 당신이 여기까지 오셨어요?

B : 오늘 시간 있으세요? 제가 술 한잔 사드리고 싶은데.

A : 당신 같이 바쁜 사람이 오늘 왜 이렇게 한가하신 겁니까? 분명히 무슨 일이 있을 것 같은데.

B : 당신의 추측이 맞습니다. 사실은 당신에게 부탁할 일이 좀 있어요.

A : 무슨 일인데요?

B : 갑시다, 우선 술을 마시러 갑시다. 좀 있다가 알려 드릴게요.

A : 여자 친구에게 차였어요?

B : 아니오, 함부로 추측하지 마세요.

A : 도대체 무슨 일입니까?

B : 당신에게 돈을 좀 빌리려고요.

A : 돈을 빌린다고요? 무엇을 하려고요?

B : 집을 사려고 하는데 조금 부족합니다.

A : 결혼을 하려고 하는 거 맞죠?

B : 네, 천만 원 빌려 주실 수 있습니까? 1년 후에 꼭 갚을게요.

A : 5, 6천만 원이라면 없지만 천만 원 정도는 드릴 수 있습니다.

B : 당신이 이렇게 통쾌할 줄은 몰랐어요. 정말 고맙습니다.

실전 회화 2

A : 오빠, 형수님은 요즘 바빠요?

B : 가정주부가 바쁘기는 뭐가 바빠.

A : 그럼 형수님에게 우리 아이를 이틀 동안 돌봐 달라고 하면 안 될까요?

B : 왜 너희 시어머님을 찾지 않아?

A : 우리 시어머님께서 유럽 여행을 가셨어요.

B : 유럽에 가셨다고? 그 할머님은 즐길 줄도 아시네.

A : 오빠, 진지하게 얘기해요. 형수님에게 좀 얘기해 주실 수 있어요?

B : 이 일은 내가 감히 결정을 못해. 네가 형수님에게 직접 얘기해라.

A : 내가 형수님에게 말하기가 좀 미안해서요.

B : 그럼 내가 집에 가서 말해 볼게, 그런데 장담은 못 해.

A : 그것은 오빠의 능력에 달렸죠.

B : 네가 나를 시험하는 거야?

A : 아니요. 오빠에게 도움을 청하고 있는 거예요.

B : 그러면 그렇지.

A : 오빠, 좋은 소식 기다릴게요.

B : 알았어.

11 我的电脑染上病毒了。

기본 회화

A : 또 게임을 하고 있는 겁니까?

B : 게임을 하고 있는 게 아니라 영화를 보고 있어요.

A : 당신은 매일 인터넷에 접속하여 게임을 하지 않으면 영화를 보잖아요.

B : 긴장을 좀 풀면 안 됩니까?

A : 당연히 되죠. 그런데 저는 당신이 방식을 바꿔야 한다고 생각합니다.

B : 또 나보고 운동하라고 하려는 거죠? 내가 몇 번이나 말했잖아요. 나는 조용한 것을 좋아하고 움직이는 것을 싫어한다고.

A : 그러니까 당신이 이렇게 살쪘죠.

실전 회화 1

A : 내가 당신에게 자료를 타자하라는 거 다해 놓았어요?

B : 정말 미안합니다. 제 컴퓨터가 바이러스에 걸린 것 같습니다.

A : 어떻게 된 겁니까? 중요한 시기에 늘 문제가 생기다니.

B : 우선 사람을 찾아 컴퓨터를 수리할 게요. 수리가 끝나면 다시 타자하겠습니다.

A : 됐어요. 이 일은 샤오진에게 하라고 하고 당신은 공장에 한 번 다녀오세요.

B : 네.

A : 우선 이 샘플을 공장에 가져다 주고 그 다음 공항에 가서 손님을 마중하세요.

B : 어떤 차를 가지고 갈까요?

A : 오늘 오는 손님은 아주 중요한 손님이니 BMW를 가지고 가세요.

B : 키는 누구한테 있습니까?

A : 이 과장님에게 달라고 하세요. 운전할 때 반드시 안전에 주의하셔야 합니다.

B : 안심하세요. 제가 운전을 이미 10여 년을 했습니다.

A : 그럼 우리 지금 출발합시다.

B : 당신도 가실 겁니까?

A : 나는 안 가고 당신이 공장에 갈 때 나를 시청에서 내려주세요.

B : 네, 그럼 제가 차를 가져올 테니 입구에서 기다리세요.

실전 회화 2

A : 글이 너무 작지 않습니까?

B : 좀 작네요. 좀 더 크면 보기가 더 좋을 것 같습니다.

A : 네. 행간은 작지 않을까요?

B : 행간은 작지 않습니다. 그런데 편집이 너무 꽉 찬 것 같습니다.

A : 그래요? 저는 매일 봐서 느낌이 없습니다.

B : 표지는 누가 설계한 것입니까?

A : 모두 제가 한 것입니다. 어때요? 그런대로 괜찮아요?

B : 괜찮은 정도가 아니라 아주 좋습니다. 당신은 정말 만능인 사람이네요.

A : 닥치면 하게 되는 것입니다.

B : 당신은 왜 이렇게 겸손하세요?

A : 겸손한 게 아니라 사실인걸요.

B : 저는 이렇게 겸손한 당신의 성격에 아주 탄복합니다. 이러한 점은 제가 당신에게 배워야겠습니다.

A : 저를 배우지 마세요. 제가 당신의 자신감을 얼마나 부러워하는데요.

B : 너무 오랜만에 칭찬을 들은 것 같습니다.

A : 당신이 사람들에게 주는 첫인상은 아주 오만해 보이지만 오랫동안 지내보면 당신을 좋아하게 됩니다.

B : 남자가 저를 좋아해서 무슨 소용이 있습니까? 여자가 좋아해야지.

A : 좋아하는 여자는 하나만 있으면 됩니다. 많으면 골치 아파요.

12 你找到工作了吗?

기본 회화

A : 샤오장, 방학 때 여행 안 가?

B : 난 너 같이 그렇게 한가하지 못 해. 이번 방학을 이용하여 아르바이트를 해서 돈을 벌어야 하거든.

A : 평소 아르바이트를 해서 돈을 많이 벌었잖아. 왜? 그래도 다음 학기의 학비가 부족해?

B : 학비는 충분한데, 생활비가 부족해.

실전 회화 1

A : 넌 직장을 구했어?

B : 아직 못했어.

A : 이력서를 많이 보내야 돼.

B : 벌써 20여 부를 보냈어.

A : 좋은 소식 하나 알려줄게. 한 회사에서 나에게 면접 보러 오라고 했다.

B : 그래? 잘 됐다. 이번에는 정말 잘 준비해야 돼.

A : 난 무엇을 준비해야 하는지 모르겠어.

B : 우선 의복이 단정해야 하고.
A : 그것은 나도 알아.
B : 어떤 사람은 성형수술도 한다고 들었는데.
A : 내가 성형수술을 할 정도는 아니지?
B : 당연하지. 넌 잘 생겼어. 근데 눈이 좀 작아.
A : 괜찮아. 안경을 쓰면 돼.
B : 아이고, 형, 난 어떻게 하지? 일이 어떻게 될지 윤곽도 잡히지 않는데.
A : 걱정하지 마. 좋은 일에는 방해가 많기 마련이야.
B : 너도 나 대신 신경을 좀 써 줘.

실전 회화 2

A : 새로온 국장님은 시중 들기가 너무 힘들어.
B : 원래 그 장 국장님은?
A : 다른 부서로 전근했어.
B : 네가 그 장 국장님이랑 사이가 꽤 좋은 걸로 알고 있는데.
A : 나하고 장 국장님은 말할 것도 없지.
B : 넌 처세를 아주 잘 하잖아. 별 문제 없을 것 같은데.
A : 인간 관계는 자신있는데. 부장님이 일하는 스타일은 정말 받아들이기 힘들어.
B : 부하 직원으로서 니가 상사에게 적응해야지 상사가 너에게 적응할 수는 없잖아.
A : 그런 도리를 내가 왜 모르겠어, 그런데 어떤 때는 정말 참을 수 없어.
B : 조급해 하지 마. 천천히 해.
A : 응, 부재중 전화가 하나 있었네. 내가 왜 못 들었지? 우리 국장님이시네.
B : 그럼 빨리 사무실로 돌아가.
A : 봐 봐, 우리 국장님은 담배를 피울 틈도 안 준다니까.
B : 빨리 돌아가서 일을 해. 우리 나중에 다시 얘기하자.
A : 그럼 좀 있다가 우리 MSN에서 계속 얘기하자.
B : 좋아.

13 不能以半途而废。

기본 회화

A : 넌 피아노를 잘 배우고 있어?
B : 한 달 배우다가 너무 무료하게 느껴져서 포기했어.
A : 무슨 일을 하든 반드시 끝까지 견지해야 하며 중도에 그만두면 안 돼.

B : 아, 나란 사람은 끈기가 없어.

실전 회화 1

A : 넌 오늘 기타 배우러 안 가?
B : 벌써 그만두었어.
A : 왜? 너는 원래 아주 흥미가 있어 하지 않았어?
B : 요즘 많이 바빠, 그리고 너무 어려운 것 같아.
A : 한동안 포기하려고 했는데 그래도 난 견지했지.
B : 그럼 넌 지금 잘 치니?
A : 치면서 노래를 부를 수 있어.
B : 정말? 그럼 지금 나에게 한 곡 연주해 줄 수 있어?
A : 그럼. 유행 음악을 듣고 싶어, 아니면 고전 음악을 듣고 싶어?
B : 아무거나 상관 없어.
A : 그래. 그럼 내가 세계 명곡을 연주해 줄게.
B : 세계 명곡까지 칠 줄 알아? 내가 끝까지 견지하지 못한 것이 정말 후회되네.
A : 지금 배워도 늦지 않아!
B : 지금 이 바쁜 고비를 지나고 보자.
A : 넌 요즘 무엇 때문에 바쁜데?
B : 내가 회계사 시험을 보고 있어.

실전 회화 2

A : 어제 저녁에 텔레비전을 봤어?
B : 아니, 요즘 새로운 프로젝트를 시작해서 매일 아주 늦게 집에 들어가거든.
A : 옛날에 우리 회사에서 근무했던 샤오쫭 기억나?
B : 어느 샤오쫭 말이야?
A : 5년 전에 사직한 그 샤오쫭 말이야.
B : 음, 생각이 난다. 내가 그 사람하고 같은 부서에서 일을 한 적도 있는데. 그 사람이 왜?
A : 그 친구가 텔레비전에 나왔는데, 하마터면 못 알아볼 뻔했어.
B : 보아하니 그 친구가 성공했군.
A : 그 친구야말로 지금 벼락 출세 했다니까.
B : 그래? 당초 그가 사직을 할 때 내가 말리기도 했는데.
A : 나는 벌써 그 친구가 보통 사람이 아니라는 것을 알았어.
B : 사람을 그렇게 잘 보니, 그럼 내가 사업가가 될 인재인지 좀 봐줄래?
A : 넌 본래는 사업가가 될 인재인데, 아쉽게도 이미 좋은 시기를 놓쳐버렸어.

B : 이렇게 애매모호한 말은 나도 할 줄 알아.

14 最近我心情不太好。

기본 회화

A : 나나야, 기색이 안 좋아 보이는데, 몸이 안 좋아?
B : 아니, 요즘 기분이 별로야.
A : 왜? 누구랑 싸웠어?
B : 별 큰 일은 아니고 식구들이랑 불화가 조금 있을 뿐이야.

실전 회화 1

A : 어, 오늘 기분이 왜 이렇게 좋아?
B : 히히, 며칠 전 체육복권을 한 장 샀는데, 뜻밖에 만 위앤이 당첨되었어! 좋아 죽겠어.
A : 넌 운이 참 좋구나!
B : 그러게나 말이야! 처음 복권을 샀는데 3등 상에 당첨되었어.
A : 그럼 이 돈으로 무엇을 할 생각이야?
B : 우선 스위스 시계를 하나 사고 핸드폰도 하나 사고 그리고 랑콤 화장품도 사야지, 그리고…
A : 세상에! 이렇게 사려면 만 위앤으로도 쓰기 부족할 것 같은데.
B : 기분을 깨지 마. 난 오래전부터 이 물건들을 사고 싶었단 말이야.
A : 이 돈을 저금해야 한다는 생각은 해 본 적이 없어?
B : 저금해서 뭐하려고? 정말 삶을 즐길 줄 모르네. 네가 죽으면 그 돈을 관 속으로도 가지고 갈 수 있어?
A : 그렇게 말하면 안 되지. 저금해 놓고 급한 일이 있을 때 써야지.
B : 사람마다 소비 관념이 같지 않아. 너랑 말 안 할래. 난 상점에 가야겠어.
A : 내가 복권에 당첨되었으면 얼마나 좋을까!
B : 노력한 만큼 성과가 있어! 만약 네가 매주 10장씩 10년 20년을 사면 반드시 당첨 될 거야.
A : 난 복권을 사는 것이 당첨되는 확률이 높지 않다고 생각하거든. 차라리 은행에 저금하겠다.

실전 회화 2

A : 네가 아는 변호사가 있어?

B : 네가 소송을 걸려고?
A : 내가 소송을 걸려고 하는 게 아니라, 내 사촌 남동생이야.
B : 그 사람이 왜?
A : 걔가 술에 취해 싸움을 했는데, 칼로 사람을 찔렀어.
B : 이것은 작은 사건이 아닌데, 잘못하면 감옥살이 해.
A : 그러게나 말이야! 속상해 죽겠어.
B : 부상을 당한 사람의 현재 상황이 어떠한데?
A : 심하게 다쳤다고 들었어. 8바늘을 꿰맸는데 지금까지 못 깨어났대.
B : 아이구, 이 송사는 아주 까다로운데. 경험이 아주 많은 변호사를 위임해야겠군.
A : 빨리 좀 방법을 생각해봐.
B : 내가 삼촌이 한 분 있는데 변호사거든. 아쉽게도 여기에 없어. 그러나 삼촌이 너를 도와 좋은 변호사를 찾아줄 수 있을거야.
A : 그럼 이 일을 너에게 부탁한다.
B : 체면 차리지 말고 나의 도움이 필요하면 얼마든지 얘기해.
A : 넌 정말 나의 좋은 친구야.

15 又出什么问题了?

기본 회화

A : 또 무슨 문제가 발생했습니까?
B : 프린터의 잉크가 없는 것 같습니다.
A : 방금 잉크를 교환하지 않았나요?
B : 잊으셨어요? 우리가 인쇄를 많이 했잖아요.

실전 회화 1

A : 왕 주임님, 기계가 또 고장났어요.
B : 무슨 고장입니까?
A : 우리도 무슨 결함인지 잘 모르겠어요.
B : 어떻게 하죠?
A : 이것은 독일에서 수입한 기계라서 우리 기사들은 수리할 수 없습니다.
B : 왕 주임님, 이 설비는 무료로 수리하는 것 아닙니까?
A : 무료로 수리하는 것 맞습니다. 그러나 독일 기술자가 중국에 오는 비용은 모두 우리 회사가 부담해야 합니다.
B : 네. 그렇군요. 그럼 제가 다시 다른 기술자를 찾아

와서 보라고 할게요.

A : 좋아요. 정말 안 될 때 독일 기술자를 초청합시다.

B : 네. 그런데 상하이 호스쨔에서 주문을 아주 급하게 재촉하고 있는데.

A : 최대한 해보세요.

B : 그럼 우리 또 초과 근무를 해야 합니다.

A : 미안해요. 여러분들 수고 좀 해주세요.

B : 저희가 이미 연속해서 2주일 동안 초과 근무를 했습니다.

A : 바쁜 것이 일이 없는 것 보다 낫잖아요. 다른 회사에서는 월급도 못 주는데, 우리 회사는 잔업 수당에 보너스까지 얼마나 좋아요.

B : 당신은 말을 참 잘 하시네요. 저는 당신에게 정말 탄복합니다.

실전 회화 2

A : 당신이 키가 작으니 기계 밑에 내려가서 도대체 무슨 고장인지 좀 봐주세요.

B : 네. 그럼 당신은 밖에서 보조 좀 해주세요.

A : 그래요, 조심하세요.

B : 여기 너무 어두워서 아무 것도 안 보이네요. 손전등이 있어요?

A : 자, 제가 비추어 드릴게요. 어때요? 지금은 잘 보입니까?

B : 네. 아이고, 여기 기어가 모두 녹이 슬었네요. 그러니까 기계가 안 돌아가죠.

A : 기다리세요, 윤활유를 갖다드릴게요.

B : 스패너도 하나 갖다주세요.

A : 스패너를 가져다 뭐하려고요?

B : 수송 벨트의 나사가 느슨해져서 조여줘야 합니다.

A : 자, 스패너 여기 있습니다. 또 필요한 것 있어요? 저도 내려가서 같이 수리할까요?

B : 필요 없습니다. 당신은 그냥 위에 계세요.

A : 아래는 덥죠? 선풍기 드릴까요?

B : 그럼 당연히 좋죠.

A : 기다리세요. 가서 가져올게요.

16 今天我给你做水煮桂鱼。

기본 회화

A : 무슨 요리를 하고 있어요? 정말 향기롭네요!

B : 쏘가리 찜을 하고 있어요. 맛이 어떤지 좀 드셔보세요.

A : 좀 싱거운 것 같은데요.

B : 그럼 소금을 좀 더 넣어야겠네.

A : 약간 비린내도 나는 것 같고요.

B : 괜찮아요, 맛술을 조금 넣으면 됩니다.

실전 회화 1

A : 이 요리가 정말 맛있네요! 많은 재료를 사용한 것 같은데요.

B : 맞아요. 닭, 땅콩, 표고버섯, 죽순과 대추 등이 있습니다.

A : 어떻게 만드셨습니까? 좀 가르쳐 주세요. 저도 집에 가서 솜씨를 좀 보여주게요.

B : 우선 땅콩을 물에 5분 동안 끓인 다음, 표고버섯은 설탕, 기름과 밀가루를 사용하여 골고루 섞습니다. 닭은 소금과 간장으로 절입니다.

A : 그 다음요?

B : 센불로 대파, 생강, 마늘을 기름에 볶습니다. 다 볶아지면 꺼내서 한 쪽에 놓으세요.

A : 꽤 복잡하네요.

B : 마지막에는 기름 냄비에 닭을 넣어 센불로 볶다가 조미료 및 땅콩, 표고버섯, 대추를 넣어 약한 불에 15분 동안 푹 삶으면 됩니다.

A : 네. 펜으로 메모 해야겠어요. 아니면 집에 돌아가면 다 잊을 거예요.

B : 당신은 아주 진지하네요!

A : 미안하지만 다시 한 번 말씀해 주실래요?

B : 그래도 되는데요, 차라리 인터넷에 접속하여 검색하는 것이 더 나을 텐데요. 인터넷에는 없는 게 없잖아요.

A : 인터넷에는 우리 고향 맛의 특색 요리가 없어요.

B : 그렇기는 합니다. 그럼 잘 들으세요. 제가 다시 한 번 얘기할게요.

실전 회화 2

A : 여보, 내가 프랑스에서 당신에게 사준 체크무늬 바지를 왜 안 입으세요?

B : 바지의 허리가 좀 작아서 입기가 불편해요.

A : 바지의 허리가 34면 작지 않을 텐데요.

B : 아마 내 배가 또 나온 것 같습니다.

A : 당신은 매일 저녁에 그렇게 많은 맥주를 마시니 배

가 안 나올 수가 있겠습니까?

B : 마흔이 넘은 사람인데, 배가 나오면 어때요.

A : 됐어요. 당신하고 얘기 안 할래요. 빨리 그 체크무늬 바지를 찾아주세요.

B : 뭐 하려고요?

A : 세탁소에 보낸 바지의 허리를 좀 늘리려고요.

B : 얼마를 늘려야 하는지 알아요?

A : 몰라요. 지금 입어보세요. 내가 재볼게요.

B : 네. 참, 양모 셔츠의 단추도 떨어졌는데.

A : 단추는 내가 달 수 있으니 세탁소에 보낼 필요가 없습니다.

B : 그리고 새로 산 하얀색 상의의 소매가 좀 길어요. 좀 줄일 수 없어요?

A : 될 것 같은데요. 가져다 주세요.

B : 잠깐만 기다리세요. 내가 들어가서 가져올게요.

---

17 祝贺你!

기본 회화

A : HSK 고급을 통과했다고 들었습니다. 축하합니다!

B : 감사합니다.

A : 정말 노력하는 사람에게는 좋은 결과가 있기 마련이네요.

B : 당신도 힘내세요!

실전 회화 1

A : 장쌍, 과장으로 승진하셨는데 밥 한 끼 사야하는 거 아닙니까?

B : 더 말할 필요가 있습니까.

C : 부장님, 아직 모르시죠? 장쌍은 경사가 겹쳤어요.

A : 또 무슨 좋은 일이 있습니까?

C : 부인이 아들을 낳았답니다.

A : 그래요? 당신은 드디어 소원성취 하셨네요.

B : 그래요, 저희 할아버지와 할머니는 평생 동안 손자를 얻으려고 간절히 바라고 있었거든요.

A : 당신의 어머님이 제일 좋아하시죠?

B : 그럼요. 저희 어머님은 너무 기뻐서 입을 다물지 못합니다.

A : 사실은 아들을 낳든 딸을 낳든 모두 같은데.

B : 그런데 부모님 세대는 너무 구식이어서 대를 잇는 것을 아주 중요시 여기세요.

A : 연로하신 분들은 원래 그래요.

B : 원래는 세 번째 아이를 가지려고 하지 않았는데, 위에 둘이 모두 딸이어서 할 수 없이 하나를 더 낳았습니다.

A : 세 번째가 아들이어서 다행이네요.

B : 정말 감지덕지합니다! 드디어 효도를 하게 되어서요.

실전 회화 2

A : 너 오늘 기분이 어때?

B : 나도 잘 모르겠어. 조금 긴장되고 그리고 좀 당황스러워.

A : 오늘 너의 화장이 아주 예쁘게 됐어. 스타 같아. 아니야 아니야, 선녀 같아.

B : 놀리지 마, 난 이렇게 진하게 화장을 한 적이 없었어. 조금 적응이 안 되네.

A : 참, 왜 신랑이 안 보여?

B : 아마 밖에서 손님을 맞이하고 있을 거야.

A : 난 그 사람을 한 번 밖에 못 봐서 어떻게 생겼는지 다 잊었어.

B : 좀 있으면 그이를 볼 수 있을 거야.

A : 넌 결혼도 했는데, 난 아직도 남자 친구조차도 없으니.

B : 걱정하지 마, 내가 꽃을 너에게 던져 주면 네가 반드시 다음의 행운의 신부가 될 거야.

A : 약속한 거다. 다른 사람에게 던져 주기 없다.

B : 자, 우리 지금 연습 좀 해보자. 나하고 가장 가까운 곳에 서 있어, 그럼 내가 너에게 앞에서 뒤로 던져 줄게.

A : 좋아. 천천히 그리고 높게 던져.

B : 알았어. 잘 받아.

A : 하하, 받았다. 봐 봐, 내가 한 번에 성공했어.

B : 안심해. 넌 올해 반드시 네 마음에 드는 신랑을 만날 수 있을 거야.

---

18 希望我们合作愉快!

기본 회화

A : 당신의 회사에서는 어떤 지불 방식을 사용합니까?

B : 저희는 신용장을 개설하는 방식을 사용합니다.

A : 물건 값이 많지도 않은데 현금으로 지불하면 안 됩니까?

B : 저희 회사는 규정이 있습니다. 모든 수출입에 관한 업무는 모두 신용장을 개설하는 방식을 사용해야 합니다.

A : 네. 그렇군요, 그러면 그렇게 할 수 밖에 없네요.

실전 회화 1

A : 이것은 저희 회사의 최신 제품입니다.

B : 이 PMP는 예전 것 보다 스크린이 훨씬 크네요.

A : 좀 보세요, 디자인이 새로울 뿐만 아니라 기능도 많이 추가 되었습니다.

B : 하지만 가격이 조금 높네요.

A : 이것은 최저가입니다. 더 이상 싸게 할 수 없습니다.

B : 그러면 우리 서로 5달러씩 양보하는 게 어떻습니까?

A : 주문량이 한 컨테이너를 초과하면 고려해 볼 수 있습니다.

B : 그 정도로 많지는 않은 것 같습니다, 앞으로 틀림없이 점점 더 많아질 것입니다.

A : 좋아요, 그러면 우리 서로 5달러씩 양보합시다.

B : 당신의 협력에 감사드립니다.

A : 그러면 언제 계약서에 서명할까요?

B : 우선 저희 회사의 상사에게 보고를 드린 다음 구체적인 시간을 통지해 드릴게요.

A : 좋아요, 당신의 소식을 기다리겠습니다.

B : 한 가지 더 물어봅시다, 주문에서 납품까지 얼마나 걸립니까?

A : 최소한 한 달 걸립니다.

B : 알았습니다. 최대한 빨리 연락 드리겠습니다.

A : 즐거운 협력이 되길 바랍니다! 잘해봅시다.

실전 회화 2

A : 요즘 어떻게 지내세요?

B : 아이구, 말도 마세요, 우리 회사에서 인원 감축을 하고 있는데요, 골치 아파 죽겠어요.

A : 왜요? 당신 같은 인사부 주임마저 포함되어 있습니까?

B : 그런 것은 아닙니다.

A : 그러면 뭐가 걱정입니까?

B : 다들 오랫동안 함께 일을 하여서 사이가 좋은데 누구를 해고해도 안 좋잖아요.

A : 이러한 일은 처리하기가 조금 힘들죠.

B : 요즘 저는 회사에도 감히 있지 못하고 매일 핑계 대고 나갑니다.

A : 피하는 것이 방법이 아니잖아요!

B : 그러면 당신이 말씀해 보세요, 어떻게 해야 하죠?

A : 공적인 일은 공정하게 원칙적으로 처리해야죠.

B : 말하기는 쉽지만 실천하려면 어렵습니다!

A : 됐어요, 생각하지 마세요. 수레가 산 앞에 이르면 길이 있는 법입니다.

B : 저도 무슨 뾰족한 방법이 없습니다. 그렇게 할 수 밖에 없어요.

A : 보아하니 인사업무가 내가 생각했던 것 같이 쉽지 않네요!

01 什么时候能发货?

어휘 플러스

1. B A C D   2. B A C D
3. B D A C   4. B A C D
5. D A B C

어휘력 테스트

1. a   2. b   3. d   4. c   5. c   6. d   7. c

빈칸 채우기

　　我的孩子住在美国，所以我每年都去一次美国，我对美国印象最深的是美国的警察。我孩子家附近有一个篮球场，篮球场旁边有一个跳远用的沙坑。一只野猫总是在沙坑里拉屎，我的孩子找到警察，警察让我的孩子到警察署去领一个诱捕夜猫用的网，这一招确实很灵，野猫抓住了，但是苦于没法处置，想来想去最后还是交给了警察。警察说要想办法找到野猫的主人，然后对野猫的主人进行罚款，这是美国警察生活的一个侧影。

02 我被老师批评了一顿。

중국 문화 이해하기

1. A   2. A   3. C   4. B   5. B   6. B   7. C

어휘 플러스

1. B A D C   2. B C D A
3. B A C D   4. A C B D
5. C A D B

어휘력 테스트

1. c   2. b   3. b   4. c   5. d   6. a   7. d

03 去美国留学要花很多钱。

어휘 플러스

1. B C A D   2. B A D C
3. B A D C   4. B D A C
5. B A D C

어휘력 테스트

1. b   2. c   3. a   4. b   5. d   6. b   7. c

04 谢谢你来机场接我。

어휘 플러스

1. B C A D   2. A C B D
3. C B D A   4. B D A C
5. B A D C

어휘력 테스트

1. d   2. a   3. a   4. b   5. d   6. c   7. c

05 生活设施很齐全。

어휘 플러스

1. B A D C   2. B A D C
3. C A D B   4. B A D C
5. B A D C

어휘력 테스트

1. a   2. b   3. c   4. b   5. d   6. b   7. d

06 我好不容易才找到你家。

어휘 플러스

1. C A D B   2. C D A B

3. B D A C   4. A C D B
5. B C A D

어휘력 테스트

1. b 2. a 3. a 4. c 5. b 6. d 7. a

순서 찾기

　　有个家庭，家庭的成员都非常非常的懒惰，每当要做家务事时，爸爸推给妈妈，妈妈推给哥哥，哥哥推给妹妹，妹妹推给小狗BOBO。一天客人来访看到BOBO两脚站在椅子上，手中拿着抹布，正在吃力地擦着桌子，客人惊呼："这只狗真聪明啊，还会做家事！"这时小狗BOBO非常无奈的对客人说："哎，没办法，他们都太懒了。"客人大吃了一惊，说道："狗竟然会说人话！"BOBO立刻接着说道，"嘘！小声一点啦，如果被他们听到，下次他们会叫我去接电话！！！"

07　春节吃饺子。

어휘 플러스

1. B C D A   2. A C B D
3. A C D B   4. B D A B
5. B D A C

어휘력 테스트

1. b 2. a 3. d 4. c 5. b 6. d 7. a

순서 찾기

　　昨天晚上韩国队对日本队的足球赛特别精彩，我最喜欢的球星朴智星踢进了两个球，结果韩国队2比0赢了日本队。看完足球赛凌晨四点才睡觉，早上闹钟响我也没听见，等我起床的时候已经八点半了。我赶忙(gǎnmáng, 서둘러)洗脸、刷牙，但我还是迟到了一个多小时。我被我们科长批评了一顿，他说我太散漫，我觉得他有点儿小题大做。

08　旺季和淡季大概要差多少钱？

어휘 플러스

1. B A D C   2. D A C B
3. B A D C   4. C A D B
5. D C A B

어휘력 테스트

1. d 2. b 3. c 4. d 5. b 6. a 7. c

순서 찾기

　　每个国家都有自己国家的风俗习惯，如果你到西班牙去旅游，那么女人上街需要戴耳环，如果不戴耳环，就像一个正常人没有穿衣服一样，被人笑话。去匈牙利旅游，千万不要打碎玻璃器皿，那样你就会成为不受欢迎的人。在印度，尼泊尔，缅甸等国黄牛是"神牛"，如果在街上遇到了"神牛"，那么行人或车辆都要回避、绕行。如果你去英国旅游，不能问男人的工资和女人的年龄。去印度旅游，吃饭和拿东西，只能用右手，因为他们用左手洗澡、上厕所，左手是不干净的，所以，用左手拿食品是对主人最大的不礼貌。

09　你说话可得算数啊。

심리 테스트

0-8分：你的压力指数(zhǐshù, 지수)不大。你是一个开朗(kāilǎng, 명랑하다)大方的人，你的朋友很多，而且你很聪明。

8-15分：你的压力指数还可以。在压力面前，一般你做得很好，但有的时候会感到很痛苦(tòngkǔ, 괴롭다)。

15-20分：非常不幸(búxìng, 불행하다)，你的压力指数很大。虽然你的独立性(dúlìxìng, 자립성)很强(qiáng, 강하다)，但是你的压力也很大。

어휘력 테스트

1. a 2. d 3. b 4. d 5. a 6. c 7. a

10 什么风把你吹来了?

어휘 플러스

1. C A B D   2. A C D B
3. B C A D   4. B A D C
5. B A C D

어휘력 테스트

1. c 2. b 3. d 4. b 5. a 6. b 7. a

순서 찾기

　　唐代诗人李白, 公元762死于今安徽当涂。享年六十二岁。然而, 李白究竟是怎么死的呢? 关于李白之死大概有三种说法 : 一是醉死, 二是病死, 三是溺死。第一种死法见于《旧唐书》, 说李白 "以饮酒过度, 醉死于宣城"。第二种死法见于其他正史或专家学者的考证之说。61岁的李白前往战场, 但因病中途返回, 第二年病死于当涂。第三种死法见于民间传说, 极富浪漫色彩。据说当时李白在江上饮酒, 因醉跳入水中捞月而溺死。李白爱酒, 也爱月、爱狂, 李白一生嗜酒成性是出名的, 他的诗 "诗中有酒, 酒中有诗。"

11 我的电脑染上病毒了。

어휘 플러스

1. A C B D   2. B C D A
3. B A D C   4. A D B C
5. B A C D

12 你找到工作了吗?

서술하기

3인 1조로 나누어 본인이 쓴 해에 어떤 일이 발생하였는지 설명한다.

어휘 플러스

1. D C A B   2. C A D B
3. C B D A   4. D C B A
5. B C A D

어휘력 테스트

1. d 2. b 3. c 4. d 5. c 6. b 7. b

13 不能以半途而废。

어휘 플러스

1. C A D B   2. B D C A
3. D C B A   4. B C D A
5. D C B A

어휘력 테스트

1. a 2. c 3. b 4. a 5. a 6. a 7. a

14 最近我心情不太好。

프리토킹

L → love 选择L的人, 是一个非常重视感情的人, 为了爱情(àiqíng, 사랑)他可以牺牲(xīshēng, 희생하다) 一切。

I → intelligence, 选择I的人, 是非常理智(lǐzhì, 지적이다)而又有知识的人。

C → conservative, 选择C的人, 是非常保守(bǎoshǒu, 보수적이다)的人。

M → money, 选择M的人, 是爱钱如命(ài qián

rú mìng, 금전을 생명과 같이 아끼고 귀중하게 여기다) 的人。

S → sex，选择S的人，是喜欢性生活 (xìngshēnghuó, 성생활)的人。

H → heart，选择H的人，是非常诚实而又热心 (rèxīn, 마음이 따뜻하다)的人。

어휘력 테스트

1. c **2.** a **3.** d **4.** a **5.** a **6.** c **7.** a

---

15 又出什么问题了?

어휘 플러스

1. B C A D   **2.** A D C B
3. B C A D   **4.** B C D A
5. A B C D

어휘력 테스트

1. c **2.** a **3.** d **4.** c **5.** a **6.** d **7.** b

---

16 今天我给你做水煮桂鱼。

어휘력 테스트

1. a **2.** b **3.** c **4.** d **5.** a **6.** c **7.** a

---

17 祝贺你!

독해

1. a **2.** b

어휘 플러스

1. A B D C   **2.** B A C D
3. B C D A   **4.** D B C A
5. A B C D

어휘력 테스트

1. c **2.** b **3.** a **4.** b **5.** b **6.** b **7.** a

---

18 希望我们合作愉快!

어휘력 테스트

1. d **2.** a **3.** a **4.** c **5.** c **6.** c **7.** a

기본 어휘 1700

ㄱ

0001	가격	价格	[jiàgé]
0002	가구점	家具店	[jiājùdiàn]
0003	가깝다	近	[jìn]
0004	가다	去	[qù]
0005	가라오케	卡拉OK	[kǎlāOK]
0006	가렵다	痒	[yǎng]
0007	가르치다	教	[jiāo]
0008	가방	包儿	[bāor]
0009	가볍다	轻	[qīng]
0010	가슴	胸	[xiōng]
0011	가운데	中间	[zhōngjiān]
0012	가위	剪子	[jiǎnzi]
0013	가이드	导游	[dǎoyóu]
0014	가장	最	[zuì]
0015	가정	家庭	[jiātíng]
0016	가지(음식)	茄子	[qiézi]
0017	가치	价值	[jiàzhí]

0018	간	肝 [gān]
0019	간결하다	简洁 [jiǎnjié]
0020	간단하다	简单 [jiǎndān]
0021	간식	零食 [língshí]
0022	간장	酱油 [jiàngyóu]
0023	간판	牌匾 [páibiǎn]
0024	간호사	护士 [hùshi]
0025	갈색	褐色 [hèsè]
0026	갈아타다	换车 [huànchē]
0027	감	柿子 [shìzi]
0028	감각	感觉 [gǎnjué]
0029	감기(에 걸리다)	感冒 [gǎnmào]
0030	감동하다	感动 [gǎndòng]
0031	감사합니다	谢谢 [xièxie]
0032	감자	土豆儿 [tǔdòur]
0033	감정	感情 [gǎnqíng]
0034	값	价格 [jiàgé]
0035	강	江 [jiāng]
0036	강아지	小狗 [xiǎogǒu]
0037	강하다	坚强 [jiānqiáng]
0038	개	狗 [gǒu]

0039	개구리	青蛙 [qīngwā]
0040	개막하다	开幕 [kāimù]
0041	개인	个人 [gèrén]
0042	개찰구	检票口 [jiǎnpiàokǒu]
0043	개최하다	举办 [jǔbàn]
0044	객실	客房 [kèfáng]
0045	거기	那儿 [nàr]
0046	거리	街道 [jiēdào]
0047	거울	镜子 [jìngzi]
0048	거의	差不多 [chàbuduō]
0049	거절하다	拒绝 [jùjué]
0050	거주하다	居住 [jūzhù]
0051	거짓말	谎言 [huǎngyán]
0052	거짓말하다	撒谎 [sāhuǎng]
0053	거품	泡沫 [pàomò]
0054	걱정하다	担心 [dānxīn]
0055	건강(하다)	健康 [jiànkāng]
0056	건너다	过 [guò]
0057	건널목	路口 [lùkǒu]
0058	건물	建筑物 [jiànzhùwù]
0059	건배하다	干杯 [gānbēi]

0060	건전지	干电池 [gāndiànchí]
0061	건조하다	干燥 [gānzào]
0062	걷다	走 [zǒu]
0063	걸리다(시간)	花 [huā]
0064	검다	黑 [hēi]
0065	검사(하다)	检查 [jiǎnchá]
0066	검역(하다)	检疫 [jiǎnyì]
0067	검역소	检疫站 [jiǎnyìzhàn]
0068	검정색	黑色 [hēisè]
0069	겁나다	害怕 [hàipà]
0070	게	螃蟹 [pángxiè]
0071	겨울	冬天 [dōngtiān]
0072	겨자	芥末 [jièmo]
0073	견본	样品 [yàngpǐn]
0074	결정하다	决定 [juédìng]
0075	결혼(하다)	结婚 [jiéhūn]
0076	경기(하다)	比赛 [bǐsài]
0077	경마(하다)	赛马 [sàimǎ]
0078	경제(적이다)	经济 [jīngjì]
0079	경찰	警察 [jǐngchá]
0080	경찰서	警察局 [jǐngchájú]

0081	경치	风景	[fēngjǐng]
0082	계란	鸡蛋	[jīdàn]
0083	계란 후라이	煎鸡蛋	[jiānjīdàn]
0084	계산하다	结账	[jiézhàng]
0085	계산서	账单	[zhàngdān]
0086	계약서	合同	[hétong]
0087	계약하다	签约	[qiānyuē]
0088	계획(하다)	计划	[jìhuà]
0089	고구마	地瓜	[dìguā]
0090	고기	肉	[ròu]
0091	고등어	鲐巴鱼	[táibāyú]
0092	고려하다	考虑	[kǎolǜ]
0093	고르다	挑	[tiāo]
0094	고무	橡胶	[xiàngjiāo]
0095	고속도로	高速公路	[gāosù gōnglù]
0096	고열 나다	发高烧	[fā gāoshāo]
0097	고장	故障	[gùzhàng]
0098	고추	辣椒	[làjiāo]
0099	고층빌딩	高楼大厦	[gāolóu dàshà]
0100	고향	故乡	[gùxiāng]
0101	고혈압	高血压	[gāoxuèyā]

0102	광천수	矿泉水 [kuàngquánshuǐ]
0103	곧	就 [jiù]
0104	곧장	一直 [yìzhí]
0105	골동품	古董 [gǔdǒng]
0106	골동품점	古董店 [gǔdǒngdiàn]
0107	골절	骨折 [gǔzhé]
0108	골프	高尔夫球 [gāo'ěrfūqiú]
0109	골프장	高尔夫球场 [gāo'ěrfūqiúchǎng]
0110	공기	空气 [kōngqì]
0111	공무원	公务员 [gōngwùyuán]
0112	공부(하다)	学习 [xuéxí]
0113	공손하다	恭敬 [gōngjìng]
0114	공식 방문	正式访问 [zhèngshì fǎngwèn]
0115	공연	公演 [gōngyǎn]
0116	공원	公园儿 [gōngyuánr]
0117	공중전화	公用电话 [gōngyòng diànhuà]
0118	공항	机场 [jīchǎng]
0119	과로	过度疲劳 [guòdù píláo]
0120	과세	纳税 [nàshuì]
0121	과일	水果 [shuǐguǒ]
0122	과자	饼干 [bǐnggān]

0123	과학	科学 [kēxué]
0124	과학자	科学家 [kēxuéjiā]
0125	관광하다	观光 [guānguāng]
0126	관광객	游客 [yóukè]
0127	관광 버스	旅游大巴 [lǚyóu dàbā]
0128	관광 안내	旅游指南 [lǚyóu zhǐnán]
0129	관광지	游览区 [yóulǎnqū]
0130	관광 지도	旅游地图 [lǚyóu dìtú]
0131	관광 코스	旅行路线 [lǚxíng lùxiàn]
0132	관세	关税 [guānshuì]
0133	광장	广场 [guǎngchǎng]
0134	교수	教授 [jiàoshòu]
0135	교외	郊外 [jiāowài]
0136	교차로	立交桥 [lìjiāoqiáo]
0137	교통 사고	交通事故 [jiāotōng shìgù]
0138	교환대, 대표전화	总机 [zǒngjī]
0139	교환원	话务员 [huàwùyuán]
0140	교회	教堂 [jiàotáng]
0141	구급차	急救车 [jíjiùchē]
0142	구두	皮鞋 [píxié]
0143	구두굽	皮鞋根儿 [píxiégēnr]

0144	구두약	鞋油 [xiéyóu]
0145	구두창	鞋垫儿 [xiédiànr]
0146	구멍	洞 [dòng]
0147	구명동의	救生衣 [jiùshēngyī]
0148	구토(하다)	呕吐 [ǒutù]
0149	구입하다	购买 [gòumǎi]
0150	국	汤 [tāng]
0151	국가	国家 [guójiā]
0152	국가 번호(전화)	国家区号 [guójiā qūhào]
0153	국내	国内 [guónèi]
0154	국내산	国产的 [guóchǎn de]
0155	국수	面条儿 [miàntiáor]
0156	국적	国籍 [guójí]
0157	국제면허증	国际驾照 [guójì jiàzhào]
0158	국제전화	国际电话 [guójì diànhuà]
0159	국회의원	国会议员 [guóhuì yìyuán]
0160	굴(음식)	牡蛎 [mǔlì]
0161	굴뚝	烟囱 [yāncōng]
0162	굵다	粗 [cū]
0163	궁전	宫殿 [gōngdiàn]
0164	권투	拳击 [quánjī]

0165	귀	耳朵 [ěrduo]
0166	귀걸이	耳环 [ěrhuán]
0167	귀금속	贵金属 [guìjīnshǔ]
0168	귀엽다	可爱 [kě'ài]
0169	귀중품	贵重物品 [guìzhòng wùpǐn]
0170	규칙	规则 [guīzé]
0171	귤	桔子 [júzi]
0172	그것	那个 [nà ge]
0173	그(남자)	他 [tā]
0174	그녀	她 [tā]
0175	그들	他们 [tāmen]
0176	그녀들	她们 [tāmen]
0177	그리스	希腊 [Xīlà]
0178	그림	画儿 [huàr]
0179	그림을 그리다	画画儿 [huàhuàr]
0180	그림책	小人儿书 [xiǎorénrshū]
0181	그저 그렇다	马马虎虎 [mǎmahūhū]
0182	그저께	前天 [qiántiān]
0183	극장	剧场 [jùchǎng]
0184	근무하다	工作 [gōngzuò]
0185	근처	附近 [fùjìn]

0186	금	金 [jīn]
0187	금년	今年 [jīnnián]
0188	금발	金发 [jīnfà]
0189	금방	刚才 [gāngcái]
0190	금색	金色 [jīnsè]
0191	금연	禁烟 [jìnyān]
0192	금연석	禁烟席 [jìnyānxí]
0193	금요일	星期五 [xīngqīwǔ]
0194	금주	这个星期 [zhè ge xīngqī]
0195	금지(하다)	禁止 [jìnzhǐ]
0196	급행열차	特快列车 [tèkuài lièchē]
0197	기계	机器 [jīqì]
0198	기념(하다)	纪念 [jìniàn]
0199	기념비	纪念碑 [jìniànbēi]
0200	기념사진	纪念照 [jìniànzhào]
0201	기념우표	纪念邮票 [jìniàn yóupiào]
0202	기념일	纪念日 [jìniànrì]
0203	기다리다	等 [děng]
0204	기대하다	期待 [qīdài]
0205	기름지다	油腻 [yóunì]
0206	기본요금(택시)	起步费 [qǐbùfèi]

0207	기분 나쁘다	心情不好 [xīnqíng bù hǎo]
0208	기분 좋다	心情好 [xīnqíng hǎo]
0209	기쁘다	高兴 [gāoxìng]
0210	기숙사	宿舍 [sùshè]
0211	기온	气温 [qìwēn]
0212	기입하다	填写 [tiánxiě]
0213	기장(비행기)	机长 [jīzhǎng]
0214	기차	火车 [huǒchē]
0215	기침하다	咳嗽 [késou]
0216	기회	机会 [jīhui]
0217	기후	气候 [qìhòu]
0218	긴급하다	紧急 [jǐnjí]
0219	길	路 [lù]
0220	길다	长 [cháng]
0221	길안내 하다	引路 [yǐnlù]
0222	길을 잃다	迷路 [mílù]
0223	김	紫菜 [zǐcài]
0224	김밥	紫菜卷饭 [zǐcài juǎnfàn]
0225	깊다	深 [shēn]
0226	깨	芝麻 [zhīma]
0227	깨닫다	醒悟 [xǐngwù]

0228	깨우다	叫醒 [jiàoxǐng]
0229	꽁치	秋刀鱼 [qiūdāoyú]
0230	꽃	花 [huā]
0231	꽃가게	花店 [huādiàn]
0232	꽃꽂이	插花 [chāhuā]
0233	꽃병	花瓶 [huāpíng]
0234	꿈	梦 [mèng]
0235	꿈꾸다	做梦 [zuòmèng]
0236	끈	绳子 [shéngzi]
0237	끊어지다	断 [duàn]
0238	끌다	拉 [lā]
0239	끓이다	煮 [zhǔ]
0240	끝나다	结束 [jiéshù]

0241	나(1인칭)	我 [wǒ]
0242	나가다	出去 [chūqu]
0243	나라	国家 [guójiā]
0244	나른하다	浑身没劲儿 [hún shēn méi jìnr]
0245	나무	树 [shù]
0246	나비	蝴蝶 [húdié]
0247	나쁘다	坏 [huài]
0248	나이	年龄 [niánlíng]
0249	나이트클럽	夜总会 [yèzǒnghuì]
0250	나이프	刀 [dāo]
0251	낚시(하다)	钓鱼 [diàoyú]
0252	난방	热气 [rèqì]
0253	날다	飞 [fēi]
0254	날씨	天气 [tiānqì]
0255	날짜	日子 [rìzi]
0256	남동생	弟弟 [dìdi]
0257	남색	蓝色 [lánsè]
0258	남자	男的 [nánde]
0259	남쪽	南边 [nánbiān]
0260	남편	丈夫 [zhàngfu]

0261	낮	白天 [báitiān]
0262	낮다, 키가 작다	矮 [ǎi]
0263	낮잠	午觉 [wǔjiào]
0264	내과	内科 [nèikē]
0265	내년	明年 [míngnián]
0266	내리다(차에서)	下车 [xiàchē]
0267	내의	内衣 [nèiyī]
0268	내일	明天 [míngtiān]
0269	내후년	明后年 [mínghòunián]
0270	냄새	味儿 [wèir]
0271	냅킨	餐巾纸 [cānjīnzhǐ]
0272	냉방	冷气 [lěngqì]
0273	냉수	凉水儿 [liángshuǐr]
0274	냉장고	冰箱 [bīngxiāng]
0275	냉커피	冰咖啡 [bīng kāfēi]
0276	너(2인칭)	你 [nǐ]
0277	넓다	宽 [kuān]
0278	네덜란드	荷兰 [Hélán]
0279	넥타이	领带 [lǐngdài]
0280	노랑	黄色 [huángsè]
0281	노래	歌 [gē]

0282	노래하다	唱歌 [chànggē]
0283	노르웨이	挪威 [Nuówēi]
0284	노선도	路线图 [lùxiàntú]
0285	노트	笔记本 [bǐjìběn]
0286	노트북 컴퓨터	笔记本电脑 [bǐjìběn diànnǎo]
0287	녹색	绿色 [lǜsè]
0288	녹차	绿茶 [lǜchá]
0289	놀라다	吃惊 [chījīng]
0290	농구	篮球 [lánqiú]
0291	농부	农夫 [nóngfū]
0292	농장	农场 [nóngchǎng]
0293	높다	高 [gāo]
0294	놓다	放 [fàng]
0295	누구	谁 [shuí]
0296	누르다	按 [àn]
0297	누나, 언니	姐姐 [jiějie]
0298	눈(날씨)	雪 [xuě]
0299	눈(얼굴)	眼睛 [yǎnjing]
0300	눈물	眼泪 [yǎnlèi]
0301	눈썹	眼眉 [yǎnméi]
0302	눈이 내리다	下雪 [xiàxuě]

303	뉴질랜드	新西兰 [Xīnxīlán]
304	늦다	晚 [wǎn]

0305	다음 달	下个月 [xià ge yuè]
0306	다음 주	下个星期 [xià ge xīngqī]
0307	다르다	不一样 [bù yíyàng]
0308	다리(몸)	腿 [tuǐ]
0309	다리(교통)	桥 [qiáo]
0310	다리미	熨斗 [yùndǒu]
0311	다방	茶馆儿 [cháguǎnr]
0312	다시	再 [zài]
0313	다이빙(하다)	跳水 [tiàoshuǐ]
0314	다이아몬드	钻石 [zuànshí]
0315	다행히	幸亏 [xìngkuī]
0316	닦다	擦 [cā]
0317	단순하다	单纯 [dānchún]
0318	단체	团体 [tuántǐ]
0319	단체관광	团体旅游 [tuántǐ lǚyóu]
0320	단추	扣子 [kòuzi]
0321	닫다	关 [guān]
0322	달	月 [yuè]
0323	달러	美元 [měiyuán]
0324	닭	鸡 [jī]

0325	닭고기	鸡肉 [jīròu]
0326	담그다	泡 [pào]
0327	담배	烟 [yān]
0328	담배를 피우다	抽烟 [chōuyān]
0329	담요	毛毯 [máotǎn]
0330	당근	胡萝卜 [húluóbo]
0331	당기다	拉 [lā]
0332	당신(2인칭)	你 [nǐ]
0333	대구(생선)	鳕鱼 [xuěyú]
0334	대구알	鳕鱼子 [xuěyúzǐ]
0335	대단히	非常 [fēicháng]
0336	대답하다	回答 [huídá]
0337	대만	台湾 [Táiwān]
0338	대머리	秃头 [tūtóu]
0339	대사관	大使馆 [dàshǐguǎn]
0340	대접하다	招待 [zhāodài]
0341	대중	大众 [dàzhòng]
0342	대추	大枣 [dàzǎo]
0343	대학	大学 [dàxué]
0344	대학생	大学生 [dàxuéshēng]
0345	대한항공	大韩航空 [Dàhán hángkōng]

0346	더럽다	脏 [zāng]
0347	던지다	扔 [rēng]
0348	덮다	盖 [gài]
0349	덮밥	盖浇饭 [gàijiāofàn]
0350	데려가다	领走 [língzǒu]
0351	덴마크	丹麦 [Dānmài]
0352	도금하다	镀金 [dùjīn]
0353	도난당하다	被盗 [bèidào]
0354	도둑	小偷儿 [xiǎotōur]
0355	도로표시	路标 [lùbiāo]
0356	도미	鲷鱼 [diāoyú]
0357	도서관	图书馆 [túshūguǎn]
0358	도시	城市 [chéngshì]
0359	도움이 되다	很有帮助 [hěn yǒu bāngzhù]
0360	도자기	瓷器 [cíqì]
0361	도장	图章 [túzhāng]
0362	도착하다	到达 [dàodá]
0363	독신	独身 [dúshēn]
0364	독일	德国 [Déguó]
0365	독특하다	独特 [dútè]
0366	돈	钱 [qián]

0367	돌	石头 [shítou]
0368	돌다	转 [zhuàn]
0369	돌아가다	回去 [huíqu]
0370	돕다	帮助 [bāngzhù]
0371	동료	同事 [tóngshì]
0372	동물원	动物园 [dòngwùyuán]
0373	동서남북	东西南北 [dōngxī nánběi]
0374	동전	硬币 [yìngbì]
0375	동쪽	东边 [dōngbiān]
0376	돼지	猪 [zhū]
0377	돼지고기	猪肉 [zhūròu]
0378	된장	大酱 [dàjiàng]
0379	된장국	大酱汤 [dàjiàngtāng]
0380	두부	豆腐 [dòufu]
0381	두껍다	厚 [hòu]
0382	두드러기	疙瘩 [gēda]
0383	두통	头疼 [tóuténg]
0384	둥글다	圆 [yuán]
0385	뒤	后 [hòu]
0386	드라이클리닝	干洗 [gānxǐ]
0387	드레스	礼服 [lǐfú]

0388	듣다	听 [tīng]
0389	들어가다	进去 [jìnqu]
0390	등	后背 [hòubèi]
0391	등기우편	挂号信 [guàhàoxìn]
0392	등록하다	登记 [dēngjì]
0393	등산(하다)	登山 [dēngshān]
0394	디스코	迪斯克 [dísīkè]
0395	디자이너	设计师 [shèjìshī]
0396	디자인하다	设计 [shèjì]
0397	디지털	数码 [shùmǎ]
0398	디지털 카메라	数码相机 [shùmǎ xiàngjī]
0399	따뜻하다	暖和 [nuǎnhuo]
0400	딸	女儿 [nǚ'ér]
0401	딸기	草莓 [cǎoméi]
0402	땀	汗 [hàn]
0403	때때로	时时 [shíshí]
0404	떨어지다	掉 [diào]
0405	뜨거운 커피	热咖啡 [rèkāfēi]
0406	뜨겁다	烫 [tàng]

0407	라디오	广播 [guǎngbō]
0408	라면	方便面 [fāngbiànmiàn]
0409	러시아	俄罗斯 [Éluósī]
0410	레몬	柠檬 [níngméng]
0411	레슬링	摔跤 [shuāijiāo]
0412	레이저	激光 [jīguāng]
0413	렌즈	镜片 [jìngpiàn]
0414	루비	红宝石 [hóngbǎoshí]
0415	룸메이트	同屋 [tóngwū]
0416	룸서비스	客房服务 [kèfáng fúwù]
0417	룸키	房间钥匙 [fángjiān yàoshi]
0418	리무진버스	机场大巴 [jīchǎng dàbā]
0419	리포트	报告 [bàogào]
0420	립스틱	口红 [kǒuhóng]

0421	마늘	大蒜 [dàsuàn]
0422	마누라	妻子 [qīzi]
0423	마라톤	马拉松 [mǎlāsōng]
0424	마루	地板 [dìbǎn]
0425	마시다	喝 [hē]
0426	마약	毒品 [dúpǐn]
0427	마중하다	接 [jiē]
0428	막차	末班车 [mòbānchē]
0429	만나다	见面 [jiànmiàn]
0430	만년필	钢笔 [gāngbǐ]
0431	만두	饺子 [jiǎozi]
0432	만들다	做 [zuò]
0433	만원(이 되다)	满员 [mǎnyuán]
0434	만족하다	满足 [mǎnzú]
0435	만지다	摸 [mō]
0436	만지지 말 것	禁止触摸 [jìnzhǐ chùmō]
0437	만찬회	晚宴 [wǎnyàn]
0438	많다	多 [duō]
0439	말레이시아	马来西亚 [Mǎláixīyà]
0440	말린 생선	鱼干儿 [yúgānr]

0441	말하다	说 [shuō]
0442	맑다(날씨)	晴 [qíng]
0443	맛	味道 [wèidao]
0444	맛없다	不好吃 [bù hǎochī]
0445	맛있다	好吃 [hǎochī]
0446	맞다	对 [duì]
0447	맞은편	对面 [duìmiàn]
0448	매년	每年 [měinián]
0449	매니큐어	指甲油 [zhǐjiayóu]
0450	매월	每(个)月 [měi(ge)yuè]
0451	매일	每天 [měitiān]
0452	매일 밤	每天晚上 [měitiān wǎnshang]
0453	매점	小卖店 [xiǎomàidiàn]
0454	매주	每周 [měizhōu]
0455	맥박	脉搏 [màibó]
0456	맥주	啤酒 [píjiǔ]
0457	맵다	辣 [là]
0458	머리	头 [tóu]
0459	머리를 감다	洗头 [xǐtóu]
0460	머리카락	头发 [tóufa]
0461	머무르다	呆 [dāi]

0462	먹다	吃 [chī]
0463	멀다	远 [yuǎn]
0464	멀미약	晕车药 [yùnchēyào]
0465	멀미하다	晕车 [yùnchē]
0466	메뉴	菜单 [càidān]
0467	메달	奖牌 [jiǎngpái]
0468	메모하다	记 [jì]
0469	메모판	记事版 [jìshìbǎn]
0470	메밀국수	荞麦面 [qiáomàimiàn]
0471	메시지	短信 [duǎnxìn]
0472	멕시코	墨西哥 [Mòxīgē]
0473	멤버	成员 [chéngyuán]
0474	며칠	几天 [jǐ tiān]
0475	면도칼	刮脸刀 [guāliǎndāo]
0476	면세점	免税店 [miǎnshuìdiàn]
0477	면세품	免税商品 [miǎnshuì shāngpǐn]
0478	명승지	名胜古迹 [míngshèng gǔjì]
0479	명태	明太鱼 [míngtàiyú]
0480	명함	名片 [míngpiàn]
0481	몇 달	几个月 [jǐ ge yuè]
0482	몇 번	几次 [jǐ cì]

0483	몇 시	几点 [jǐ diǎn]
0484	몇 시간	几个小时 [jǐ ge xiǎoshí]
0485	몇 월	几月 [jǐ yuè]
0486	몇 년	几年 [jǐ nián]
0487	몇 장	几张 [jǐ zhāng]
0488	몇 층	几层 [jǐ céng]
0489	모두	都 [dōu]
0490	모레	后天 [hòutiān]
0491	모래	沙子 [shāzi]
0492	모르다	不知道 [bù zhīdào]
0493	모양	样子 [yàngzi]
0494	모으다	攒 [zǎn]
0495	모이다	聚 [jù]
0496	모자	帽子 [màozi]
0497	모자라다	不够 [bú gòu]
0498	목	脖子 [bózi]
0499	목걸이	项链儿 [xiàngliànr]
0500	목격자	目击者 [mùjizhě]
0501	목구멍	喉咙 [hóulong]
0502	목사	牧师 [mùshī]
0503	목적	目的 [mùdì]

0504	몸	身	[shēn]
0505	묘지	墓地	[mùdì]
0506	무	萝卜	[luóbo]
0507	무겁다	重	[zhòng]
0508	무게	重量	[zhòngliàng]
0509	무대	舞台	[wǔtái]
0510	무료로 하다	免费	[miǎnfèi]
0511	무료 입장	免费入场	[miǎnfèi rùchǎng]
0512	무릎	膝盖	[xīgài]
0513	무비카메라	摄像机	[shèxiàngjī]
0514	무서워하다	害怕	[hàipà]
0515	무섭다	怕	[pà]
0516	무지개	彩虹	[cǎihóng]
0517	무화과	无花果	[wúhuāguǒ]
0518	문	门	[mén]
0519	문구점	文具店	[wénjùdiàn]
0520	문어	章鱼	[zhāngyú]
0521	문제	问题	[wèntí]
0522	문화	文化	[wénhuà]
0523	묻다	问	[wèn]
0524	물	水	[shuǐ]

0525	물건	东西 [dōngxi]
0526	물고기	鱼 [yú]
0527	뮤지컬	音乐歌剧 [yīnyuè gējù]
0528	미국	美国 [Měiguó]
0529	미루다	推迟 [tuīchí]
0530	미술관	美术馆 [měishùguǎn]
0531	미안합니다	对不起 [duìbuqǐ]
0532	미역	海带 [hǎidài]
0533	미용실	美容院 [měiróngyuàn]
0534	미워하다	讨厌 [tǎoyàn]
0535	미인	美人 [měirén]
0536	미터	米 [mǐ]
0537	민속	民俗 [mínsú]
0538	밀가루	白面 [báimiàn]
0539	밀다	推 [tuī]

0540	바(술집)	吧台 [bātái]
0541	바꾸다	换 [huàn]
0542	바나나	香蕉 [xiāngjiāo]
0543	바다	海 [hǎi]
0544	바닥	地 [dì]
0545	바라다	希望 [xīwàng]
0546	바람	风 [fēng]
0547	바쁘다	忙 [máng]
0548	바지	裤子 [kùzi]
0549	박물관	博物馆 [bówùguǎn]
0550	박수치다	鼓掌 [gǔzhǎng]
0551	박스	箱子 [xiāngzi]
0552	반나절	半天 [bàntiān]
0553	반대편	对面 [duìmiàn]
0554	반바지	短裤 [duǎnkù]
0555	반복하다	反复 [fǎnfù]
0556	반입금지	禁止携带 [jìnzhǐ xiédài]
0557	반지	戒指 [jièzhǐ]
0558	반창고	胶布 [jiāobù]
0559	반품하다	退货 [tuìhuò]

0560	받다	收到 [shōudào]
0561	발	脚 [jiǎo]
0562	발레	芭蕾 [bāléi]
0563	발목	脚脖子 [jiǎobózi]
0564	발송인	寄件人 [jìjiànrén]
0565	발송하다	发送 [fāsòng]
0566	발행하다	发行 [fāxíng]
0567	밤	夜 [yè]
0568	밤(음식)	栗子 [lìzi]
0569	밤참	夜宵 [yèxiāo]
0570	밥	饭 [fàn]
0571	밥공기	饭碗 [fànwǎn]
0572	밥을 짓다	做饭 [zuòfàn]
0573	방	房间 [fángjiān]
0574	방면	方面 [fāngmiàn]
0575	방문하다	访问 [fǎngwèn]
0576	방법	方法 [fāngfǎ]
0577	방해하다	防碍 [fáng'ài]
0578	배(교통)	船 [chuán]
0579	배(몸)	肚子 [dùzi]
0580	배(음식)	梨 [lí]

0581	배구	排球 [páiqiú]
0582	배달하다	送货 [sònghuò]
0583	배드민턴	羽毛球 [yǔmáoqiú]
0584	배부르다	饱 [bǎo]
0585	배우	演员 [yǎnyuán]
0586	배추	白菜 [báicài]
0587	백화점	百货商店 [bǎihuò shāngdiàn]
0588	버섯	蘑菇 [mógu]
0589	버스	公共汽车 [gōnggòng qìchē]
0590	버스노선도	公共汽车路线图 [gōnggòng qìchē lùxiàntú]
0591	버스정류장	公共汽车站 [gōnggòng qìchē zhàn]
0592	버스표	公共汽车票 [gōnggòng qìchē piào]
0593	버터	黄油 [huángyóu]
0594	버튼	按钮 [ànniǔ]
0595	번호	号码 [hàomǎ]
0596	번화가	繁华区 [fánhuáqū]
0597	벌금(을 부과하다)	罚款 [fákuǎn]
0598	벌레	虫子 [chóngzi]
0599	법	法 [fǎ]
0600	법률	法律 [fǎlǜ]
0601	벗기다(껍질을)	扒 [bā]

0602	벗다(옷을)	脱 [tuō]
0603	베개	枕头 [zhěntou]
0604	베이지색	乳白色 [rǔbáisè]
0605	베트남	越南 [Yuènán]
0606	벨	铃 [líng]
0607	벨기에	比利时 [Bǐlìshí]
0608	벨트(바지의)	裤带 [kùdài]
0609	벽	墙 [qiáng]
0610	변경하다	变更 [biàngēng]
0611	변기	坐便器 [zuòbiànqì]
0612	변비	便秘 [biànmì]
0613	변상하다	赔偿 [péicháng]
0614	변호사	律师 [lǜshī]
0615	별	星星 [xīngxing]
0616	병	瓶子 [píngzi]
0617	병(病)	病 [bìng]
0618	병원	医院 [yīyuàn]
0619	보관소	寄存处 [jìcúnchù]
0620	보기 좋다	好看 [hǎokàn]
0621	보너스	奖金 [jiǎngjīn]
0622	보다	看 [kàn]

0623	보도하다	报导 [bàodǎo]
0624	보라색	紫色 [zǐsè]
0625	보리차	大麦茶 [dàmàichá]
0626	보석	宝石 [bǎoshí]
0627	보석상자	宝石箱 [bǎoshíxiāng]
0628	보온병	保温瓶 [bǎowēnpíng]
0629	보통이다	一般 [yìbān]
0630	보통열차	普通列车 [pǔtōng lièchē]
0631	보험	保险 [bǎoxiǎn]
0632	보험회사	保险公司 [bǎoxiǎn gōngsī]
0633	보호하다	保护 [bǎohù]
0634	복도	走廊 [zǒuláng]
0635	복숭아	桃儿 [táor]
0636	복잡하다	复杂 [fùzá]
0637	복통	腹痛 [fùtòng]
0638	볶다	炒 [chǎo]
0639	볶음밥	炒饭 [chǎofàn]
0640	볼펜	圆珠笔 [yuánzhūbǐ]
0641	봄	春天 [chūntiān]
0642	봉투	信封 [xìnfēng]
0643	부드럽다	柔 [róu]

0644	부러워하다	羡慕 [xiànmù]
0645	부러지다	断 [duàn]
0646	부르다	叫 [jiào]
0647	부모	父母 [fùmǔ]
0648	보상하다	补偿 [bǔcháng]
0649	부인	夫人 [fūren]
0650	부자	富人 [fùrén]
0651	부추	韭菜 [jiǔcài]
0652	부츠	靴子 [xuēzi]
0653	북극	北极 [běijí]
0654	북쪽	北边 [běibiān]
0655	분(시간)	分 [fēn]
0656	분수대	喷水池 [pēnshuǐchí]
0657	분식	面食 [miànshí]
0658	분실물	失物 [shīwù]
0659	분실물 보관소	失物招领处 [shīwù zhāolǐngchù]
0660	분위기	气氛 [qìfen]
0661	분점	分店 [fēndiàn]
0662	분하다	气愤 [qìfèn]
0663	분홍색	粉红色 [fěnhóngsè]
0664	불고기	烤肉 [kǎoròu]

0665	불다	吹 [chuī]
0666	불면증	失眠症 [shīmiánzhèng]
0667	불쌍하다	可怜 [kělián]
0668	불쾌하다	不愉快 [bù yúkuài]
0669	불편하다	不方便 [bù fāngbiàn]
0670	붓	毛笔 [máobǐ]
0671	붓다(얼굴 등이)	肿 [zhǒng]
0672	붕대	绷带 [bēngdài]
0673	붙이다	贴 [tiē]
0674	브라질	巴西 [Bāxī]
0675	블라우스	女士衬衫 [nǚshì chènshān]
0676	비	雨 [yǔ]
0677	비가 오다	下雨 [xiàyǔ]
0678	비누	肥皂 [féizào]
0679	비디오	录像机 [lùxiàngjī]
0680	비로소	才 [cái]
0681	비상구	安全门 [ānquánmén]
0682	비슷하다	差不多 [chàbuduō]
0683	비싸다	贵 [guì]
0684	비옷	雨衣 [yǔyī]
0685	비용	费用 [fèiyòng]

0686	비즈니스	商务 [shāngwù]
0687	비즈니스석	商务舱 [shāngwùcāng]
0688	비취	翡翠 [fěicuì]
0689	비타민	维生素 [wéishēngsù]
0690	비행기	飞机 [fēijī]
0691	빈방	空房间 [kòng fángjiān]
0692	빈자리	空位子 [kòng wèizi]
0693	빈차	空车 [kōngchē]
0694	빈혈	贫血 [pínxiě]
0695	빌려주다	借 [jiè]
0696	비리다	腥 [xīng]
0697	빗	梳子 [shūzi]
0698	빠르다	快 [kuài]
0699	빨간 신호	红灯 [hóngdēng]
0700	빨갛다	红 [hóng]
0701	빨리	快点儿 [kuàidiǎnr]
0702	빵	面包 [miànbāo]
0703	빵집	面包店 [miànbāodiàn]
0704	뼈	骨头 [gǔtou]
0705	뿌리	根 [gēn]
0706	뿌리다	撒 [sǎ]

0707	사각	四角 [sìjiǎo]
0708	사건	事件 [shìjiàn]
0709	사격(하다)	射击 [shèjī]
0710	사고	事故 [shìgù]
0711	사과(과일)	苹果 [píngguǒ]
0712	사과하다	道歉 [dàoqiàn]
0713	사다	买 [mǎi]
0714	사람	人 [rén]
0715	사랑(하다)	爱 [ài]
0716	사무소	事务所 [shìwùsuǒ]
0717	사무실	办公室 [bàngōngshì]
0718	사우나	桑拿 [sāngná]
0719	사이다	汽水儿 [qìshuǐr]
0720	사이즈	尺寸 [chǐcùn]
0721	사인하다	签名 [qiānmíng]
0722	사전	事先 [shìxiān]
0723	사진	照片 [zhàopiàn]
0724	사진관	照相馆 [zhàoxiàngguǎn]
0725	사파이어	蓝宝石 [lánbǎoshí]
0726	산	山 [shān]

0727	산소	氧气 [yǎngqì]
0728	산책(하다)	散步 [sànbù]
0729	산호	珊瑚 [shānhú]
0730	살구	杏 [xìng]
0731	살다	住 [zhù]
0732	삼각	三角 [sānjiǎo]
0733	삼촌(친삼촌)	叔叔 [shūshu]
0734	삼촌(외삼촌)	舅舅 [jiùjiu]
0735	상대방	对方 [duìfāng]
0736	상아	象牙 [xiàngyá]
0737	상의	上衣 [shàngyī]
0738	상인	商人 [shāngrén]
0739	상자	箱子 [xiāngzi]
0740	상점	商店 [shāngdiàn]
0741	상처	伤口 [shāngkǒu]
0742	상표	商标 [shāngbiāo]
0743	상품	商品 [shāngpǐn]
0744	상품 가짓수	商品种类 [shāngpǐn zhǒnglèi]
0745	새(동물)	鸟 [niǎo]
0746	새우	虾 [xiā]
0747	새콤달콤하다	酸甜 [suāntián]

0748	색(깔)	色 [sè]
0749	샌드위치	三明治 [sānmíngzhì]
0750	샌들	拖鞋 [tuōxié]
0751	샐러드	沙拉 [shālā]
0752	샘플	样品 [yàngpǐn]
0753	생각하다	想 [xiǎng]
0754	생각	想法 [xiǎngfǎ]
0755	생략하다	省略 [shěnglüè]
0756	생리대	卫生巾 [wèishēngjīn]
0757	생맥주	生啤酒 [shēngpíjiǔ]
0758	생선	鱼 [yú]
0759	생선초밥	寿司 [shòusī]
0760	생선회	生鱼片 [shēngyúpiàn]
0761	생일	生日 [shēngrì]
0762	샤워기	淋浴器 [línyùqì]
0763	샴페인	香宾酒 [xiāngbīnjiǔ]
0764	샴푸	洗发香波 [xǐfà xiāngbō]
0765	서다	站 [zhàn]
0766	서류	文件 [wénjiàn]
0767	서명하다	签名 [qiānmíng]
0768	서비스	服务 [fúwù]

0769	서양요리	西餐 [xīcān]
0770	서양요리집	西餐厅 [xīcāntīng]
0771	서울	首尔 [Shǒu'ěr]
0772	서점	书店 [shūdiàn]
0773	석류	石榴 [shíliŭ]
0774	섞다	混 [hùn]
0775	선글라스	墨镜 [mòjìng]
0776	선물	礼物 [lǐwù]
0777	선박	船舶 [chuánbó]
0778	선불	先交钱 [xiān jiāoqián]
0779	선생님	老师 [lǎoshī]
0780	선수(운동)	选手 [xuǎnshǒu]
0781	선전(하다)	宣传 [xuānchuán]
0782	선편	船运 [chuányùn]
0783	선풍기	电风扇 [diànfēngshàn]
0784	설명(하다)	说明 [shuōmíng]
0785	설명서	说明书 [shuōmíngshū]
0786	설사하다	拉肚 [lādù]
0787	설탕	白糖 [báitáng]
0788	섬게	海胆 [hǎidǎn]
0789	성	性 [xìng]

0790	성이 …이다	姓 [xìng]
0791	성공(하다)	成功 [chénggōng]
0792	성냥	火柴 [huǒchái]
0793	성별	性别 [xìngbié]
0794	성인	成人 [chéngrén]
0795	세계	世界 [shìjiè]
0796	세관	海关 [hǎiguān]
0797	세관검사	海关检查 [hǎiguān jiǎnchá]
0798	세관신고서	海关申报单 [hǎiguān shēnbàodān]
0799	세금	税 [shuì]
0800	세다(숫자를)	数 [shǔ]
0801	세우다	立起来 [lìqǐlái]
0802	세탁하다	洗 [xǐ]
0803	세탁기	洗衣机 [xǐyījī]
0804	세탁소	干洗店 [gānxǐdiàn]
0805	센티미터	厘米 [límǐ]
0806	셔츠	T恤衫 [T xùshān]
0807	소	牛 [niú]
0808	소개하다	介绍 [jièshào]
0809	소금	盐 [yán]
0810	소라	海螺 [hǎiluó]

0811	소매	袖子 [xiùzi]
0812	소매치기	小偷 [xiǎotōu]
0813	소방서	消防队 [xiāofángduì]
0814	소설	小说 [xiǎoshuō]
0815	소설가	小说家 [xiǎoshuōjiā]
0816	소시지	香肠儿 [xiāngchángr]
0817	소파	沙发 [shāfā]
0818	소주	烧酒 [shāojiǔ]
0819	소포	包裹 [bāoguǒ]
0820	소형	小型 [xiǎoxíng]
0821	소화기	灭火器 [mièhuǒqì]
0822	소화불량	消化不良 [xiāohuà bù liáng]
0823	소화제	消化剂 [xiāohuàjì]
0824	속도	速度 [sùdù]
0825	속옷	内衣 [nèiyī]
0826	손	手 [shǒu]
0827	손가락	手指 [shǒuzhǐ]
0828	손님	客人 [kèrén]
0829	손목	手腕 [shǒuwàn]
0830	손목시계	手表 [shǒubiǎo]
0831	손바닥	手心 [shǒuxīn]

0832	손수건	手绢儿 [shǒujuànr]
0833	손자	孙子 [sūnzi]
0834	손톱	手指甲 [shǒuzhǐjia]
0835	손톱깎이	指甲刀 [zhǐjiadāo]
0836	쇠고기	牛肉 [niúròu]
0837	쇠고기 덮밥	牛肉盖浇饭 [niúròu gàijiāofàn]
0838	쇼	表演 [biǎoyǎn]
0839	쇼핑하다	购物 [gòuwù]
0840	쇼핑센터	购物中心 [gòuwù zhōngxīn]
0841	수, 숫자	数字 [shùzì]
0842	수건	手巾 [shǒujīn]
0843	수고하다	辛苦 [xīnkǔ]
0844	수도	首都 [shǒudū]
0845	수리하다	修理 [xiūlǐ]
0846	수면제	安眠药 [ānmiányào]
0847	수박	西瓜 [xīguā]
0848	수속	手续 [shǒuxù]
0849	수속을 밟다	办手续 [bàn shǒuxù]
0850	수수료	手续费 [shǒuxùfèi]
0851	수술	手术 [shǒushù]
0852	수업	课 [kè]

0853	수업하다	上课 [shàngkè]
0854	수염	胡子 [húzi]
0855	수영(하다)	游泳 [yóuyǒng]
0856	수영복	游泳服 [yóuyǒngfú]
0857	수영장	游泳池 [yóuyǒngchí]
0858	수요일	星期三 [xīngqīsān]
0859	수입(소득)	收入 [shōurù]
0860	수입(하다)	进口 [jìnkǒu]
0861	수족관	水族馆 [shuǐzúguǎn]
0862	수출(하다)	出口 [chūkǒu]
0863	수취인	收件人 [shōujiànrén]
0864	수표	支票 [zhīpiào]
0865	수필	随笔 [suíbǐ]
0866	수화기	话筒 [huàtǒng]
0867	숙모	婶儿 [shěnr]
0868	숙박하다	住宿 [zhùsù]
0869	숙박 기간	住宿期间 [zhùsù qījiān]
0870	순경	巡警 [xúnjǐng]
0871	숟가락	勺儿 [sháor]
0872	술	酒 [jiǔ]
0873	술집	酒店 [jiǔdiàn]

0874	숨 막히다	喘不上来气儿 [chuǎn bu shànglái qìr]
0875	쉬다	休息 [xiūxi]
0876	슈퍼마켓	超市 [chāoshì]
0877	스웨덴	瑞典 [Ruìdiǎn]
0878	스웨터	毛衣 [máoyī]
0879	스위스	瑞士 [Ruìshì]
0880	스위치	开关 [kāiguān]
0881	스카프	纱巾 [shājīn]
0882	스커트	裙子 [qúnzi]
0883	스케이트를 타다	滑冰 [huábīng]
0884	스케줄	计划 [jìhuà]
0885	스키를 타다	滑雪 [huáxuě]
0886	스타킹	长筒袜 [chángtǒngwà]
0887	스탠드	台灯 [táidēng]
0888	스튜어디스	空中小姐 [kōngzhōng xiǎojie]
0889	스파게티	意大利面 [yìdàlìmiàn]
0890	스페인	西班牙 [Xībānyá]
0891	스포츠	运动 [yùndòng]
0892	스포츠 용품점	体育用品专卖店 [tǐyù yòngpǐn zhuānmàidiàn]
0893	스피커	音箱 [yīnxiāng]
0894	슬리퍼	拖鞋 [tuōxié]

0895	슬프다	伤心 [shāngxīn]
0896	승객	乘客 [chéngkè]
0897	승낙하다	答应 [dāying]
0898	승마하다	骑马 [qímǎ]
0899	시(시간의)	点 [diǎn]
0900	시간	时间 [shíjiān]
0901	시간표	时间表 [shíjiānbiǎo]
0902	시계	表 [biǎo]
0903	시금치	菠菜 [bōcài]
0904	시끄럽다	吵 [chǎo]
0905	시내전화	市内电话 [shìnèi diànhuà]
0906	시내지도	市内地图 [shìnèi dìtú]
0907	시다	酸 [suān]
0908	시설	设施 [shèshī]
0909	시외전화	长途电话 [chángtú diànhuà]
0910	시원하다	凉快 [liángkuai]
0911	시작하다	开始 [kāishǐ]
0912	시장(市场)	市场 [shìchǎng]
0913	시장(市长)	市长 [shìzhǎng]
0914	시차	时差 [shíchā]
0915	시청하다	收看 [shōukàn]

0916	시험(을 하다)	考试 [kǎoshì]
0917	식당	饭店 [fàndiàn]
0918	식대	饭钱 [fànqián]
0919	식물원	植物园 [zhíwùyuán]
0920	식사하다	吃饭 [chīfàn]
0921	식사 포함	包三餐 [bāo sān cān]
0922	식욕	食欲 [shíyù]
0923	식욕이 없다	没有食欲 [méi yǒu shíyù]
0924	신고하다	申报 [shēnbào]
0925	신고서	申报单 [shēnbàodān]
0926	신문	报纸 [bàozhǐ]
0927	신발	鞋 [xié]
0928	신분증	身份证 [shēnfènzhèng]
0929	신사	绅士 [shēnshì]
0930	신용카드	信用卡 [xìnyòngkǎ]
0931	신제품	新品 [xīnpǐn]
0932	신청하다	申请 [shēnqǐng]
0933	신호	信号 [xìnhào]
0934	신호등	红绿灯 [hónglǜdēng]
0935	실망하다	失望 [shīwàng]
0936	실수(하다)	失误 [shīwù]

0937	실크	丝绸 [sīchóu]
0938	싫어하다	不喜欢 [bù xǐhuan]
0939	심장	心脏 [xīnzàng]
0940	심장병	心脏病 [xīnzàngbìng]
0941	심하다	严重 [yánzhòng]
0942	싱겁다	淡 [dàn]
0943	싸다(가격이)	便宜 [piányi]
0944	싸다, 포장하다	包 [bāo]
0945	싸우다	吵架 [chǎojià]
0946	쌀	米 [mǐ]
0947	쌀밥	米饭 [mǐfàn]
0948	쑥갓	茼蒿 [tónghāo]
0949	쓰다(맛이)	苦 [kǔ]
0950	쓰다(글을)	写 [xiě]
0951	쓰레기통	垃圾桶 [lājītǒng]
0952	씹다	嚼 [jiáo]
0953	씻다	洗 [xǐ]

0954	아기	婴儿 [yīng'ér]
0955	아나운서	播音员 [bōyīnyuán]
0956	아내	妻子 [qīzi]
0957	아는 사람	认识的人 [rènshi de rén]
0958	아니오	不 [bù], 没有 [méiyǒu]
0959	아들	儿子 [érzi]
0960	아래	下边儿 [xiàbianr]
0961	아버지	爸爸 [bàba]
0962	아스피린	阿司匹林 [āsīpǐlín]
0963	아시아나항공	韩亚航空 [Hányà hángkōng]
0964	아이	小孩儿 [xiǎoháir]
0965	아이섀도	眼影 [yǎnyǐng]
0966	아이스크림	冰激淋 [bīngjīlín]
0967	아일랜드	爱尔兰 [Ài'ěrlán]
0968	아저씨	叔叔 [shūshu]
0969	아주머니	大嫂 [dàsǎo]
0970	아직	还 [hái]
0971	아침	早上 [zǎoshang]
0972	아침밥	早饭 [zǎofàn]
0973	아파트	公寓 [gōngyù]

0974	아프다	疼 [téng]
0975	악수하다	握手 [wòshǒu]
0976	안경	眼镜 [yǎnjìng]
0977	안내	指南 [zhǐnán]
0978	안약	眼药 [yǎnyào]
0979	안전(하다)	安全 [ānquán]
0980	안전검사	安全检查 [ānquán jiǎnchá]
0981	안전벨트	安全带 [ānquándài]
0982	안테나	天线 [tiānxiàn]
0983	앉다	坐 [zuò]
0984	알다	知道 [zhīdao]
0985	알리다	告诉 [gàosu]
0986	암	癌 [ái]
0987	앞	前面 [qiánmian]
0988	앞당기다	提前 [tíqián]
0989	야간	夜间 [yèjiān]
0990	야구	棒球 [bàngqiú]
0991	야채	蔬菜 [shūcài]
0992	약	药 [yào]
0993	약국	药店 [yàodiàn]
0994	약을 먹다	吃药 [chīyào]

0995	약속	约会 [yuēhuì]
0996	약하다	柔弱 [róuruò]
0997	얇다	薄 [báo]
0998	양(量)	量 [liàng]
0999	양(羊)	羊 [yáng]
1000	양고기	羊肉 [yángròu]
1001	양말	袜子 [wàzi]
1002	양배추	卷心菜 [juǎnxīncài]
1003	양복	西服 [xīfú]
1004	양파	洋葱 [yángcōng]
1005	어깨	肩膀 [jiānbǎng]
1006	어둡다	暗 [àn]
1007	어디	哪儿 [nǎr]
1008	어떤 종류	哪种 [nǎ zhǒng]
1009	어떻게	怎么 [zěnme]
1010	어떻습니까	怎么样 [zěnmeyàng]
1011	어렵다	难 [nán]
1012	어른	大人 [dàrén]
1013	어린이	小孩儿 [xiǎoháir]
1014	어머니	妈妈 [māma]
1015	어제	昨天 [zuótiān]

1016	어제 저녁	昨晚 [zuówǎn]
1017	어패류	贝类 [bèilèi]
1018	언어	语言 [yǔyán]
1019	언제	什么时候 [shénme shíhou]
1020	얼굴	脸 [liǎn]
1021	얼다	冻 [dòng]
1022	얼마	多少 [duōshao]
1023	얼음	冰 [bīng]
1024	없다	没有 [méiyǒu]
1025	엉덩이	屁股 [pìgu]
1026	에머랄드	绿宝石 [lǜbǎoshí]
1027	에스컬레이터	扶梯 [fútī]
1028	에어컨	空调 [kōngtiáo]
1029	엔지니어	工程师 [gōngchéngshī]
1030	엘리베이터	电梯 [diàntī]
1031	여관	旅馆 [lǚguǎn]
1032	여권	护照 [hùzhào]
1033	여권번호	护照号码 [hùzhào hàomǎ]
1034	여기	这儿 [zhèr]
1035	여동생	妹妹 [mèimei]
1036	여보세요	喂 [wèi]

1037	여성	女性 [nǚxìng]
1038	여자용	女用 [nǚyòng]
1039	여행	旅行 [lǚxíng]
1040	여행사	旅行社 [lǚxíngshè]
1041	여행 안내	旅游指南 [lǚyóu zhǐnán]
1042	여행자수표	旅行支票 [lǚxíng zhīpiào]
1043	역	站 [zhàn]
1044	연	风筝 [fēngzheng]
1045	연결하다	连接 [liánjiē]
1046	연고	缘故 [yuángù]
1047	연극	话剧 [huàjù]
1048	연기(하다)	表演 [biǎoyǎn]
1049	연락하다	联系 [liánxì]
1050	연락처	联系地址 [liánxì dìzhǐ]
1051	연수(하다)	进修 [jìnxiū]
1052	연어	三文鱼 [sānwényú]
1053	연어 알	三文鱼鱼子 [sānwényú yúzǐ]
1054	연장하다	延期 [yánqī]
1055	연주회	演奏会 [yǎnzòuhuì]
1056	연착하다	晚点 [wǎndiǎn]
1057	연필	铅笔 [qiānbǐ]

1058	연회장	宴会厅 [yànhuìtīng]
1059	열다	打开 [dǎkāi]
1060	열쇠	钥匙 [yàoshi]
1061	열쇠고리	钥匙链儿 [yàoshi liànr]
1062	엽서	明信片 [míngxìnpiàn]
1063	영국	英国 [Yīngguó]
1064	영사관	领事馆 [lǐngshìguǎn]
1065	영수증	收据 [shōujù]
1066	영업소	营业厅 [yíngyètīng]
1067	영향(을 주다)	影响 [yǐngxiǎng]
1068	영화	电影 [diànyǐng]
1069	영화관	电影院 [diànyǐngyuàn]
1070	옆	旁边 [pángbiān]
1071	예쁘다	漂亮 [piàoliang]
1072	예산	预算 [yùsuàn]
1073	예술	艺术 [yìshù]
1074	예술품	艺术品 [yìshùpǐn]
1075	예약하다	预约 [yùyuē]
1076	예정	打算 [dǎsuan]
1077	오늘	今天 [jīntiān]
1078	오늘 밤	今晚 [jīnwǎn]

1079	오늘 아침	今天早上 [jīntiān zǎoshang]
1080	오다	来 [lái]
1081	오디오	组合音响 [zǔhé yīnxiǎng]
1082	오래되다	好久 [hǎojiǔ]
1083	오렌지주스	橙汁儿 [chéngzhīr]
1084	오르다	上 [shàng]
1085	오른쪽	右边 [yòubiān]
1086	오빠, 형	哥哥 [gēge]
1087	오스트리아	奥地利 [Àodìlì]
1088	오월	五月 [wǔ yuè]
1089	오이	黄瓜 [huángguā]
1090	오징어	鱿鱼 [yóuyú]
1091	오토바이	摩托车 [mótuōchē]
1092	오페라	歌剧 [gējù]
1093	오후	下午 [xiàwǔ]
1094	온도	温度 [wēndù]
1095	온천	温泉 [wēnquán]
1096	옷	衣服 [yīfu]
1097	옷걸이	衣架 [yījià]
1098	와이셔츠	男式衬衫 [nánshì chènshān]
1099	와인	果酒 [guǒjiǔ]

1100	왕복	往返 [wǎngfǎn]
1101	왜	为什么 [wèishénme]
1102	외국	外国 [wàiguó]
1103	외국인	外国人 [wàiguórén]
1104	외화	外汇 [wàihuì]
1105	왼쪽	左边 [zuǒbiān]
1106	요리	菜 [cài]
1107	요리사	厨师 [chúshī]
1108	요청하다	邀请 [yāoqǐng]
1109	욕실	浴室 [yùshì]
1110	욕조	浴缸 [yùgāng]
1111	우산	雨伞 [yǔsǎn]
1112	우습다	可笑 [kěxiào]
1113	우유	牛奶 [niúnǎi]
1114	우체국	邮局 [yóujú]
1115	우편번호	邮编 [yóubiān]
1116	우편요금	邮费 [yóufèi]
1117	우표	邮票 [yóupiào]
1118	운동(하다)	运动 [yùndòng]
1119	운동선수	运动员 [yùndòngyuán]
1120	운동화	运动鞋 [yùndòngxié]

1121	운전하다	开车 [kāichē]
1122	운전면허증	驾驶执照 [jiàshǐ zhízhào]
1123	운전기사	司机 [sījī]
1124	웃다	笑 [xiào]
1125	원망하다	怨 [yuàn]
1126	원숭이	猴子 [hóuzi]
1127	원피스	连衣裙 [liányīqún]
1128	원하다	愿意 [yuànyi]
1129	월간지	月刊 [yuèkān]
1130	월급	工资 [gōngzī]
1131	월요일	星期一 [xīngqīyī]
1132	위(생리)	胃 [wèi]
1133	위쪽	上(边) [shàng(bian)]
1134	위대하다	伟大 [wěidà]
1135	위스키	威士忌 [wēishìjì]
1136	위장약	胃药 [wèiyào]
1137	위치	位置 [wèizhì]
1138	위험하다	危险 [wēixiǎn]
1139	유감이다	遗憾 [yíhàn]
1140	유도	柔道 [róudào]
1141	유람선	游船 [yóuchuán]

1142	유리컵	玻璃杯 [bōlibēi]
1143	유명하다	有名 [yǒumíng]
1144	유원지	游览区 [yóulǎnqū]
1145	유자	柚子 [yòuzi]
1146	유자차	柚子茶 [yòuzǐchá]
1147	유적	遗迹 [yíjì]
1148	유적지(역사유적지)	历史遗迹 [lìshǐ yíjì]
1149	유학(하다)	留学 [liúxué]
1150	육교	天桥 [tiānqiáo]
1151	육상경기	田径 [tiánjìng]
1152	은(귀금속)	银 [yín]
1153	은색	银色 [yínsè]
1154	은행	银行 [yínháng]
1155	은행원	银行职员 [yínháng zhíyuán]
1156	음료수	饮料 [yǐnliào]
1157	음악	音乐 [yīnyuè]
1158	음악가	音乐家 [yīnyuèjiā]
1159	응급처치	应急措施 [yìngjí cuòshī]
1160	의미	意义 [yìyì]
1161	의사	大夫 [dàifu]
1162	의원	医院 [yīyuàn]

1163	의자	椅子 [yǐzi]
1164	의학	医学 [yīxué]
1165	이(치아)	牙 [yá]
1166	이것	这个 [zhè ge]
1167	이기다	赢 [yíng]
1168	이동하다	移动 [yídòng]
1169	이등석	二等舱 [èrděngcāng]
1170	이륙하다	起飞 [qǐfēi]
1171	이름	名字 [míngzi]
1172	이발소	理发店 [lǐfàdiàn]
1173	이번 달	这个月 [zhè ge yuè]
1174	이쑤시개	牙签儿 [yáqiānr]
1175	이어폰	耳机 [ěrjī]
1176	이용하다	使用 [shǐyòng]
1177	이웃	邻居 [línjū]
1178	이쪽	这边 [zhèbiān]
1179	이탈리아	意大利 [Yìdàlì]
1180	이틀	两天 [liǎng tiān]
1181	이해하다	理解 [lǐjiě]
1182	인공	人工 [réngōng]
1183	인공위성	人造卫星 [rénzào wèixīng]

1184	인기 있다(물건)	畅销 [chàngxiāo]
1185	인기 있다(사람)	走红 [zǒuhóng]
1186	인도	印度 [Yìndù]
1187	인도네시아	印度尼西亚 [Yìndùníxīyà]
1188	인삼	人参 [rénshēn]
1189	인삼차	人参茶 [rénshēnchá]
1190	인상	印象 [yìnxiàng]
1191	인쇄물	印刷品 [yìnshuāpǐn]
1192	일, 업무	工作 [gōngzuò]
1193	일등석	一等舱 [yīděngcāng]
1194	일방통행	单行道 [dānxíngdào]
1195	일본	日本 [Rìběn]
1196	일본어	日语 [Rìyǔ]
1197	일본인	日本人 [Rìběnrén]
1198	일본요리	日本料理 [rìběn liàolǐ]
1199	일어나다	起来 [qǐlai]
1200	일요일	星期日 [xīngqīrì]
1201	일인당	每个人 [měi gè rén]
1202	일출	日出 [rìchū]
1203	읽다	念 [niàn]
1204	잃다(물건을)	丢 [diū]

1205	잃다(길을)	迷路 [mílù]
1206	입	嘴 [zuǐ]
1207	입술	嘴唇 [zuǐchún]
1208	입국	入境 [rùjìng]
1209	입국목적	入境目的 [rùjìng mùdì]
1210	입국카드	入境卡 [rùjìngkǎ]
1211	입다(옷 · 바지 등)	穿 [chuān]
1212	입원하다	住院 [zhùyuàn]
1213	입장	立场 [lìchǎng]
1214	입장권	入场券 [rùchǎngquàn]
1215	입장하다	入场 [rùchǎng]
1216	잉어	鲤鱼 [lǐyú]
1217	잉크	墨水儿 [mòshuǐr]
1218	잊다	忘 [wàng]

1219	자기	自己 [zìjǐ]
1220	자동차	汽车 [qìchē]
1221	자동판매기	自动售货机 [zìdòng shòuhuòjī]
1222	자두	李子 [lǐzi]
1223	자르다	切 [qiē]
1224	자리	座位 [zuòwei]
1225	자명종	闹钟 [nàozhōng]
1226	자전거	自行车 [zìxíngchē]
1227	자주	经常 [jīngcháng]
1228	작곡가	作曲家 [zuòqǔjiā]
1229	작년	去年 [qùnián]
1230	작다	小 [xiǎo]
1231	작품	作品 [zuòpǐn]
1232	잔고	库存 [kùcún]
1233	잠들었다	睡着了 [shuì zháo le]
1234	잠자다	睡觉 [shuìjiào]
1235	잠시	暂时 [zànshí]
1236	잠옷	睡衣 [shuìyī]
1237	잡다	抓 [zhuā]
1238	잡지	杂志 [zázhì]

1239	장갑	手套 [shǒutào]
1240	장난감	玩具 [wánjù]
1241	장난감가게	玩具店 [wánjùdiàn]
1242	장소	场所 [chǎngsuǒ]
1243	장어	鳗鱼 [mànyú]
1244	장어덮밥	鳗鱼盖浇饭 [mànyú gàijiāofàn]
1245	재다	量 [liáng]
1246	재떨이	烟灰缸 [yānhuīgāng]
1247	재미없다	没有意思 [méiyǒu yìsi]
1248	재미있다	有意思 [yǒuyìsi]
1249	재발행하다	重新发行 [chóngxīn fāxíng]
1250	재수하다	复读 [fùdú]
1251	재작년	前年 [qiánnián]
1252	재즈	爵士舞 [juéshìwǔ]
1253	재채기	喷嚏 [pēntì]
1254	재채기하다	打喷嚏 [dǎ pēntì]
1255	재킷	夹克 [jiākè]
1256	재확인하다	再确认一下 [zài quèrèn yíxià]
1257	잼	果酱 [guǒjiàng]
1258	쟁반	托盘 [tuōpán]
1259	저것	那个 [nà ge]

1260	저기	那儿 [nàr]
1261	저녁	晚上 [wǎnshang]
1262	저녁밥	晚饭 [wǎnfàn]
1263	저리다	麻 [má]
1264	저쪽	那边 [nàbiān]
1265	저혈압	低血压 [dīxuèyā]
1266	적다	记 [jì]
1267	적당하다	适当 [shìdàng]
1268	적신호	红灯 [hóngdēng]
1269	전구	电灯 [diàndēng]
1270	전기면도기	电动刮胡刀 [diàndòng guāhúdāo]
1271	전동칫솔	电动牙刷 [diàndòng yáshuā]
1272	전람회	展览会 [zhǎnlǎnhuì]
1273	전문점	专卖店 [zhuānmàidiàn]
1274	전보	电报 [diànbào]
1275	전보를 치다	打电报 [dǎ diànbào]
1276	전복(생선)	鲍鱼 [bàoyú]
1277	전부	全部 [quánbù]
1278	전송하다	传送 [chuánsòng]
1279	전시회	展销会 [zhǎnxiāohuì]
1280	전자계산기	电子计算器 [diànzǐ jìsuànqì]

1281	전자파	电磁波 [diàncíbō]
1282	전지	电池 [diànchí]
1283	전철	地铁 [dìtiě]
1284	전화	电话 [diànhuà]
1285	전화를 걸다	打电话 [dǎ diànhuà]
1286	전화를 끊다	挂电话 [guà diànhuà]
1287	전화번호	电话号码 [diànhuà hàomǎ]
1288	전화카드	电话卡 [diànhuàkǎ]
1289	절(사찰)	庙 [miào]
1290	절약하다	节约 [jiéyuē]
1291	젊다	年轻 [niánqīng]
1292	점심밥	午饭 [wǔfàn]
1293	접수처	接待处 [jiēdàichù]
1294	접시	碟子 [diézi]
1295	젓가락	筷子 [kuàizi]
1296	정각	整 [zhěng]
1297	정말로	真的 [zhēnde]
1298	정보	情报 [qíngbào]
1299	정상(적)이다	正常 [zhèngcháng]
1300	정식의	正式 [zhèngshì]
1301	정원	定员 [dìngyuán]

1302	정지하다	停止 [tíngzhǐ]
1303	정직하다	正直 [zhèngzhí]
1304	정찰제	明码标价 [míngmǎ biāojià]
1305	정치	政治 [zhèngzhì]
1306	정치가	政治家 [zhèngzhìjiā]
1307	정확하다	正确 [zhèngquè]
1308	제한하다	限制 [xiànzhì]
1309	조각하다	雕刻 [diāokè]
1310	조개	蛤蜊 [géli]
1311	조건	条件 [tiáojiàn]
1312	조금	一点儿 [yìdiǎnr]
1313	조립하다	组装 [zǔzhuāng]
1314	조명	照明 [zhàomíng]
1315	조사하다	调查 [diàochá]
1316	조식 포함	包早餐 [bāo zǎocān]
1317	조심하다	小心 [xiǎoxīn]
1318	조용하다	安静 [ānjìng]
1319	조이다	拧 [nǐng]
1320	조직(하다)	组织 [zǔzhī]
1321	존경하다	尊敬 [zūnjìng]
1322	졸리다	困 [kùn]

1323	졸업하다	毕业 [bìyè]
1324	좁다	窄 [zhǎi]
1325	종류	种类 [zhǒnglèi]
1326	종이	纸 [zhǐ]
1327	종이기저귀	纸尿裤 [zhǐ niàokù]
1328	종점	终点 [zhōngdiǎn]
1329	좋다	好 [hǎo]
1330	좋아하다	喜欢 [xǐhuan]
1331	좌석	座位 [zuòwèi]
1332	좌회전	左拐 [zuǒguǎi]
1333	죄송합니다	对不起 [duìbuqǐ]
1334	주간지	周刊 [zhōukān]
1335	주말	周末 [zhōumò]
1336	주머니	口袋儿 [kǒudàir]
1337	주먹밥	抓饭 [zhuāfàn]
1338	주문하다(음식점에서)	点菜 [diǎncài]
1339	주소	地址 [dìzhǐ]
1340	주스	饮料 [yǐnliào]
1341	주유소	加油站 [jiāyóuzhàn]
1342	주인공	主人公 [zhǔréngōng]
1343	주전자	水壶 [shuǐhú]

1344	주차금지	禁止停车 [jìnzhǐ tíngchē]
1345	주차장	停车场 [tíngchēchǎng]
1346	주차요금	停车费 [tíngchēfèi]
1347	준비하다	准备 [zhǔnbèi]
1348	중국	中国 [Zhōngguó]
1349	중국인	中国人 [Zhōngguórén]
1350	중국어	汉语 [Hànyǔ]
1351	중국요리	中国菜 [zhōngguócài]
1352	중요하다	重要 [zhòngyào]
1353	즐겁다	愉快 [yúkuài]
1354	증명서	证明信 [zhèngmíngxìn]
1355	지갑	钱包 [qiánbāo]
1356	지구	地球 [dìqiú]
1357	지금	现在 [xiànzài]
1358	지나치다(말·행동)	过分 [guòfèn]
1359	지난 달	上个月 [shàng ge yuè]
1360	지난 주	上(个)星期 [shàng (ge) xīngqī]
1361	지도	地图 [dìtú]
1362	지름길	近路 [jìnlù]
1363	지방	地方 [dìfāng]
1364	지불하다	支付 [zhīfù]

1365	지역	地区 [dìqū]
1366	지우개	橡皮 [xiàngpí]
1367	지위	地位 [dìwèi]
1368	지점(자회사)	分公司 [fēngōngsī]
1369	지지난 달	上上个月 [shàng shàng ge yuè]
1370	지지난 주	上上个星期 [shàng shàng ge xīngqī]
1371	지폐	纸币 [zhǐbì]
1372	지하도	地下通道 [dìxià tōngdào]
1373	지하철	地铁 [dìtiě]
1374	지하철역	地铁站 [dìtiězhàn]
1375	직업	职业 [zhíyè]
1376	직원	职员 [zhíyuán]
1377	진공청소기	吸尘器 [xīchénqì]
1378	진단서	诊断书 [zhěnduànshū]
1379	진단하다	诊断 [zhěnduàn]
1380	진열하다	陈列 [chénliè]
1381	진주	珍珠 [zhēnzhū]
1382	진통제	去痛片儿 [qùtòngpiànr]
1383	질소	氮气 [dànqì]
1384	질투하다	嫉妒 [jídù]
1385	짐	行李 [xíngli]

1386	짐 검사	行李检查 [xíngli jiǎnchá]
1387	집	房子 [fángzi]
1388	집을 짓다	盖房子 [gài fángzi]
1389	짜다	咸 [xián]
1390	짧다	短 [duǎn]
1391	찌다	蒸 [zhēng]

1392	차(음식)	茶 [chá]
1393	차(자동차)	车 [chē]
1394	차 키	车钥匙 [chēyàoshi]
1395	착륙하다	降落 [jiàngluò]
1396	찬성하다	赞成 [zànchéng]
1397	참가하다	参加 [cānjiā]
1398	참기름	香油 [xiāngyóu]
1399	참다	忍 [rěn]
1400	참외	香瓜 [xiāngguā]
1401	참치	金枪鱼 [jīnqiāngyú]
1402	찻잔	茶杯 [chábēi]
1403	창가 쪽 좌석	靠窗的座位 [kào chuāng de zuòwèi]
1404	창구	窗口 [chuāngkǒu]
1405	창문	窗户 [chuānghu]
1406	찾다	找 [zhǎo]
1407	책	书 [shū]
1408	책상	书桌 [shūzhuō]
1409	처방전	处方 [chǔfāng]
1410	처음	第一次 [dì yī cì]
1411	천만에요	哪里哪里 [nǎli nǎli]

1412	천식	哮喘 [xiàochuǎn]
1413	천천히	慢慢儿 [mànmānr]
1414	철도	铁路 [tiělù]
1415	철판구이	铁板烧 [tiěbǎnshāo]
1416	청결하다	清洁 [qīngjié]
1417	청년	青年 [qīngnián]
1418	청소하다	打扫 [dǎsǎo]
1419	청소기	吸尘器 [xīchénqì]
1420	체류 기간	停留期间 [tíngliú qījiān]
1421	체조	体操 [tǐcāo]
1422	체크아웃	退房 [tuìfáng]
1423	체크인	住房 [zhùfáng]
1424	초(시간)	秒 [miǎo]
1425	초(음식)	醋 [cù]
1426	초대하다	邀请 [yāoqǐng]
1427	초대장	邀请信 [yāoqǐngxìn]
1428	초록색	草绿色 [cǎolǜsè]
1429	초롱	灯笼 [dēnglong]
1430	초밥	寿司 [shòusī]
1431	초보자	初学者 [chūxuézhě]
1432	촬영하다	摄影 [shèyǐng]

1433	촬영금지	禁止摄影 [jìnzhǐ shèyǐng]
1434	최근	最近 [zuìjìn]
1435	최초	最初 [zuìchū]
1436	최후	最后 [zuìhòu]
1437	추억(하다)	回忆 [huíyì]
1438	추월금지	禁止超车 [jìnzhǐ chāochē]
1439	축구	足球 [zúqiú]
1440	축구장	足球场 [zúqiúchǎng]
1441	축구 선수	足球运动员 [zúqiú yùndòngyuán]
1442	축하합니다	祝贺 [zhùhè]
1443	출구	出口 [chūkǒu]
1444	출국수속	出国手续 [chūguó shǒuxù]
1445	출국카드	出境卡 [chūjìngkǎ]
1446	출발하다	出发 [chūfā]
1447	출석하다	出席 [chūxí]
1448	출입금지	禁止出入 [jìnzhǐ chūrù]
1449	출장가다	出差 [chūchāi]
1450	출혈하다	出血 [chūxiě]
1451	춤	舞 [wǔ]
1452	춤추다	跳舞 [tiàowǔ]
1453	춥다	冷 [lěng]

1454	충분하다	够 [gòu]
1455	취미	爱好 [àihào]
1456	취소하다	取消 [qǔxiāo]
1457	취재하다	采访 [cǎifǎng]
1458	치과	牙科 [yákē]
1459	치과의사	牙科大夫 [yákē dàifu]
1460	치료하다	治疗 [zhìliáo]
1461	칫솔	牙刷 [yáshuā]
1462	치약	牙膏 [yágāo]
1463	치즈	奶酪 [nǎilào]
1464	치킨	炸鸡 [zhájī]
1465	치통	牙疼 [yáténg]
1466	친구	朋友 [péngyou]
1467	친선 게임	友谊比赛 [yǒuyì bǐsài]
1468	친절하다	热情 [rèqíng]
1469	칠	漆 [qī]
1470	칠기	漆器 [qīqì]
1471	칠레	智利 [Zhìlì]
1472	침대	床 [chuáng]
1473	침대시트	床罩儿 [chuángzhàor]
1474	침대차(기차의)	卧铺 [wòpù]

1475	카디건	马甲 [mǎjiǎ]
1476	카드	卡 [kǎ]
1477	카메라	相机 [xiàngjī]
1478	카바레	舞厅 [wǔtīng]
1479	카탈로그	宣传册 [xuānchuáncè]
1480	카피하다	拷贝 [kǎobèi]
1481	칵테일	鸡尾酒 [jīwěijiǔ]
1482	칼	刀 [dāo]
1483	칼라	彩色 [cǎisè]
1484	캐나다	加拿大 [Jiānádà]
1485	커튼	窗帘儿 [chuāngliánr]
1486	커피	咖啡 [kāfēi]
1487	커피숍	咖啡厅 [kāfēitīng]
1488	컬러필름	彩色胶卷儿 [cǎisè jiāojuǎnr]
1489	컵	杯 [bēi]
1490	케이크	蛋糕 [dàngāo]
1491	케첩	番茄酱 [fānqiéjiàng]
1492	켜다	打开 [dǎkāi]
1493	코	鼻子 [bízi]
1494	코치	教练 [jiàoliàn]

1495	콜라	可乐 [kělè]
1496	콧물	鼻涕 [bítì]
1497	콩	豆儿 [dòur]
1498	콩나물	豆芽儿 [dòuyár]
1499	크기	大小 [dàxiǎo]
1500	크다	大 [dà]
1501	크림(영양크림)	营养霜 [yíngyǎngshuāng]
1502	큰소리	大声 [dàshēng]
1503	키위	猕猴桃儿 [míhóutáor]
1504	킬로그램	公斤 [gōngjīn]
1505	킬로미터	公里 [gōnglǐ]

1506	타다(차 · 비행기)	坐 [zuò]
1507	타월	毛巾 [máojīn]
1508	탁구	乒乓球 [pīngpāngqiú]
1509	탑승권	登机牌 [dēngjīpái]
1510	탑승수속	登机手续 [dēngjī shǒuxù]
1511	탑승하다	登机 [dēngjī]
1512	탕수육	糖醋肉 [tángcùròu]
1513	태국	泰国 [Tàiguó]
1514	택시	出租(汽)车 [chūzū(qì)chē]
1515	택시 승차장	出租汽车站 [chūzūqìchē zhàn]
1516	터미널	客运站 [kèyùnzhàn]
1517	터키	土耳其 [Tǔ'ěrqí]
1518	테니스	网球 [wǎngqiú]
1519	테니스장	网球场 [wǎngqiúchǎng]
1520	테이블	桌子 [zhuōzi]
1521	텔레비전	电视 [diànshì]
1522	토마토	西红柿 [xīhóngshì]
1523	토산품	土特产 [tǔtèchǎn]
1524	토스트	土司 [tǔsī]
1525	토요일	星期六 [xīngqīliù]

1526	토하다	吐 [tù]
1527	통과하다	通过 [tōngguò]
1528	통로	通道 [tōngdào]
1529	통로 측 좌석	靠过道的座位 [kào guòdào de zuòwèi]
1530	통역(하다)	翻译 [fānyì]
1531	통조림	罐头 [guàntou]
1532	통행금지	禁止通行 [jìnzhǐ tōngxíng]
1533	통화요금	电话费 [diànhuàfèi]
1534	통화 중	占线 [zhànxiàn]
1535	퇴원하다	出院 [chūyuàn]
1536	튀기다	炸 [zhá]
1537	트럭	卡车 [kǎchē]
1538	특급열차	特快列车 [tèkuài lièchē]
1539	특별히	特意 [tèyì]
1540	튼튼하다	结实 [jiēshi]
1541	팁	小费 [xiǎofèi]

1542	파도	浪 [làng]
1543	파란신호	绿灯 [lǜdēng]
1544	파랑	蓝色 [lánsè]
1545	파인애플	菠萝 [bōluó]
1546	파출소	派出所 [pàichūsuǒ]
1547	판매하다	销售 [xiāoshòu]
1548	팔(생리)	胳膊 [gēbo]
1549	팔꿈치	胳膊肘儿 [gēbozhǒur]
1550	팔다	卖 [mài]
1551	팔월	八月 [bā yuè]
1552	팔찌	手镯 [shǒuzhuó]
1553	패션	时装 [shízhuāng]
1554	패스트푸드	快餐 [kuàicān]
1555	팽이버섯	金针菇 [jīnzhēngū]
1556	파마하다	烫发 [tàngfà]
1557	편견	偏见 [piānjiàn]
1558	편도	单程 [dānchéng]
1559	편리하다	方便 [fāngbiàn]
1560	편지	信 [xìn]
1561	편지지	信纸 [xìnzhǐ]

1562	평상복	便服 [biànfú]
1563	평화	和平 [hépíng]
1564	폐	肺 [fèi]
1565	폐렴	肺炎 [fèiyán]
1566	포도	葡萄 [pútao]
1567	포도주	葡萄酒 [pútaojiǔ]
1568	포르투갈	葡萄牙 [Pútáoyá]
1569	포장하다	包装 [bāozhuāng]
1570	포장지	包装纸 [bāozhuāngzhǐ]
1571	포크	叉子 [chāzi]
1572	포함하다	包括 [bāokuò]
1573	표고버섯	花菇 [huāgū]
1574	표	票 [piào]
1575	표 파는 곳	售票处 [shòupiàochù]
1576	표현하다	表达 [biǎodá]
1577	풀	草 [cǎo]
1578	풀장	游泳池 [yóuyǒngchí]
1579	프랑스	法国 [Fǎguó]
1580	프로그램	节目 [jiémù]
1581	프린터	打印机 [dǎyìnjī]
1582	프리트하다	打印 [dǎyìn]

1583	플러그	插销 [chāxiāo]
1584	피	血 [xiě]
1585	피로해지다	疲劳 [píláo]
1586	피부	皮肤 [pífū]
1587	피아노	钢琴 [gāngqín]
1588	피자	比萨饼 [bǐsàbǐng]
1589	피하다	避 [bì]
1590	피해자	受害者 [shòuhàizhě]
1591	필름	胶卷儿 [jiāojuǎnr]
1592	필리핀	菲律宾 [Fēilǜbīn]
1593	필요하다	需要 [xūyào]
1594	핑크색	粉色 [fěnsè]

1595	하고 싶다	想 [xiǎng]
1596	하다	做 [zuò]
1597	하루	一天 [yì tiān]
1598	하루 관광	一日游 [yíriyóu]
1599	하얗다	白 [bái]
1600	학생	学生 [xuésheng]
1601	한가운데	中间 [zhōngjiān]
1602	한가하다	闲 [xián]
1603	한국	韩国 [Hánguó]
1604	한국인	韩国人 [Hánguórén]
1605	한국어	韩国语 [Hánguóyǔ]
1606	한국음식	韩国料理 [hánguó liàolǐ]
1607	한 번	一次 [yí cì]
1608	한 사람	一个人 [yí ge rén]
1609	할머니	奶奶 [nǎinai]
1610	할아버지	爷爷 [yéye]
1611	할 수 있다	能 [néng]
1612	할인하다	减价 [jiǎnjià]
1613	함께	一起 [yiqǐ]
1614	합계	总计 [zǒngjì]

1615	항공	航空 [hángkōng]
1616	항공권	(飞)机票 [(fēi)jīpiào]
1617	항공기 편명	航班号 [hángbānhào]
1618	항공우편	空运 [kōngyùn]
1619	항구	港口 [gǎngkǒu]
1620	항문	肛门 [gāngmén]
1621	항생물질	抗菌素 [kàngjūnsù]
1622	해결하다	解决 [jiějué]
1623	해변	海边 [hǎibiān]
1624	해삼	海参 [hǎishēn]
1625	해안	海岸 [hǎi'àn]
1626	핸드백	手提包儿 [shǒutíbāor]
1627	핸드볼	手球 [shǒuqiú]
1628	햄	火腿 [huǒtuǐ]
1629	햄버거	汉堡包 [hànbǎobāo]
1630	행복하다	幸福 [xìngfú]
1631	행복하세요	祝你幸福 [zhù nǐ xìngfú]
1632	행사	活动 [huódòng]
1633	행운	幸运 [xìngyùn]
1634	향수	香水儿 [xiāngshuǐr]
1635	허가(하다)	许可 [xǔkě]

1636	허리	腰 [yāo]
1637	헤어드라이어	吹风机 [chuīfēngjī]
1638	헬스클럽	健身房 [jiànshēnfáng]
1639	현(행정단위)	县 [xiàn]
1640	현금	现金 [xiànjīn]
1641	현금인출기	自动取款机 [zìdòng qǔkuǎnjī]
1642	현상	现象 [xiànxiàng]
1643	현지	当地 [dāngdì]
1644	현지 시간	当地时间 [dāngdì shíjiān]
1645	혈압	血压 [xuèyā]
1646	협회	协会 [xiéhuì]
1647	호두	核桃儿 [hétaor]
1648	호박(보석류)	琥珀 [hǔpò]
1649	호수	湖 [hú]
1650	호텔	酒店 [jiǔdiàn]
1651	호흡(하다)	呼吸 [hūxī]
1652	혼자서	自己 [zìjǐ]
1653	홀	厅 [tīng]
1654	홍차	红茶 [hóngchá]
1655	화가 나다	生气 [shēngqì]
1656	화랑	画廊 [huàláng]

1657	화려하다	华丽 [huálì]
1658	화산	火山 [huǒshān]
1659	화상(을 입다)	烧伤 [shāoshāng]
1660	화요일	星期二 [xīngqī'èr]
1661	화장실	洗手间 [xǐshǒujiān]
1662	화장품	化妆品 [huàzhuāngpǐn]
1663	화재	火灾 [huǒzāi]
1664	화폐	货币 [huòbì]
1665	확대하다	扩大 [kuòdà]
1666	확인하다	确认 [quèrèn]
1667	환율	汇率 [huìlǜ]
1668	환전하다	换钱 [huànqián]
1669	회복(되다)	恢复 [huīfù]
1670	회사	公司 [gōngsī]
1671	회사원	职员 [zhíyuán]
1672	회상(하다)	回忆 [huíyì]
1673	회색	灰色 [huīsè]
1674	회원	会员 [huìyuán]
1675	회원증	会员证 [huìyuánzhèng]
1676	회의	会议 [huìyì]
1677	회의하다	开会 [kāihuì]

1678	회화	会话 [huìhuà]
1679	횡단보도	人行横道 [rénxíng héngdào]
1680	후불	后交钱 [hòu jiāoqián]
1681	후추	胡椒 [hújiāo]
1682	훔치다	偷 [tōu]
1683	휴가	休假 [xiūjià]
1684	휴게실	休息室 [xiūxishì]
1685	휴대폰	手机 [shǒujī]
1686	휴대하다	携带 [xiédài]
1687	휴식하다	休息 [xiūxi]
1688	휴식시간	休息时间 [xiūxi shíjiān]
1689	휴일	休息日 [xiūxirì]
1690	휴지	手纸 [shǒuzhǐ]
1691	흐리다	阴 [yīn]
1692	흡연하다	吸烟 [xīyān]
1693	흡연석	吸烟席 [xīyānxí]
1694	흥미	兴趣 [xìngqù]
1695	흥미가 있다	感兴趣 [gǎnxìngqù]
1696	흥분하다	兴奋 [xīngfèn]
1697	희극	喜剧 [xìjù]
1698	희망(하다)	希望 [xīwàng]

1699	희소식	好消息 [hǎoxiāoxi]
1700	흰색	白色 [báisè]

唉声叹气
āi shēng tàn qì
(슬픔 · 고통 · 번민 때문에) 탄식하다.

爱莫能助
ài mò néng zhù
비록 마음 속으로는 도와 주려고 해도 힘이 미치지 않다.

爱不释手
ài bú shì shǒu
매우 아껴서 손을 떼지 못하다.

爱财如命
ài cái rú mìng
재물을 목숨처럼 아끼다.

爱人如己
ài rén rú jǐ
남을 자신처럼 사랑하다.

爱屋及乌
ài wū jí wū
사람을 사랑하여 그 집 지붕의 까마귀까지 좋아하다;
아내가 귀여우면 처갓집 말뚝에다 대고 절을 한다.

碍手碍脚
ài shǒu ài jiǎo
(자리를 차지해서 남이 일하는 데) 방해가 되다.

安分守己
ān fèn shǒu jǐ
분수에 만족하여 본분을 지키다.

按部就班
àn bù jiù bān
착실히 일보일보 나아가다.

暗送秋波
àn sòng qiū bō
은근히 추파를 던지다.

八面玲珑
bā miàn líng lóng
누구에게나 두루 곱게 보이는 방법으로 처세하다.

白日做梦
bái rì zuò mèng
대낮에 꿈을 꾸다; 근본적으로 실현될 수 없는 환상이나 공상.

白头偕老
bái tóu xié lǎo
부부가 화락하게 함께 늙다. 백년해로하다.

百发百中
bǎi fā bǎi zhòng
백발백중.

百闻不如一见
bǎi wén bù rú yí jiàn
백 번 듣는 것이 한 번 보는 것만 못하다.

百依百顺
bǎi yī bǎi shùn
모든 일을 무조건 맹종(盲從)하다.

百战百胜
bǎi zhàn bǎi shèng
백전백승하다.

班门弄斧
bān mén nòng fǔ
공자 앞에 문자 쓴다.

半斤八两
bàn jīn bā liǎng
피차일반. 피장파장.

半途而废
bàn tú ér fèi
(끝장을 내지 않고) 중도에서 그만두다.

半信半疑
bàn xìn bàn yí
반신반의.

背井离乡
bèi jǐng lí xiāng
고향을 등지고 떠나다.

背水一战
bèi shuǐ yí zhàn
배수진을 치고 싸우다.

笨鸟先飞
bèn niǎo xiān fēi
둔한 새가 먼저 날다; 능력이 모자란 사람이 남보다 뒤질까봐 먼저 일어나 행동을 하는 것을 말함.

笨嘴笨舌
bèn zuǐ bèn shé
말 재주가 없다.

表里如一
biǎo lǐ rú yī
안밖이 같다; 생각과 언행이 완전 일치하다.

别有风味
bié yǒu fēng wèi
특별한 맛이 있다.

彬彬有礼
bīn bīn yǒu lǐ
점잖고 예절이 밝다.

冰天雪地
bīng tiān xuě dì
얼음과 눈이 뒤덮힌 곳. 몹시 추운 곳.

博览群书
bó lǎn qún shū
여러 가지 책을 많이 읽다.

不到黄河不死心
bú dào huáng hé bù sǐ xīn
막다른 골목에 이르지 않고서는 한 번 먹은 마음을 버리지 않는다.

不打自招
bù dǎ zì zhāo
무의식 중에 자신의 죄과(罪過)나 결점을 폭로하다.

不得人心
bù dé rén xīn
인심을 얻지 못하다. 사람들의 미움을 사다.

不干不净
bù gān bú jìng
더럽다.

不惑之年
bú huò zhī nián
불혹의 나이.

不经一事, 不长一智
bù jīng yí shì, bù zhǎng yí zhì
한 가지 일을 경험하지 않으면, 그 일에 대한 지식을 늘릴 수 없다; 경험은 지혜를 낳는다.

不可救药
bù kě jiù yào
구할 도리가 없다.

不可思议
bù kě sī yì
불가사의하다. 상상할 수 없다.

不了了之
bù liǎo liǎo zhī

중간에서 흐지부지 그만두다. 흐리멍텅하게 일을 처리하다.

不伦不类
bù lún bú lèi

이것도 저것도 아니다.

不能自拔
bù néng zì bá

제 힘으로 빠져 나오지 못하다.

不三不四
bù sān bú sì

(인품 등이) 너절하다. 하찮다.

不速之客
bú sù zhī kè

불청객.

不孝之子
bú xiào zhī zǐ

불효자.

不学无术
bù xué wú shù

배운 것도 없고 재주도 없다.

不择手段
bù zhé shǒu duàn

수단과 방법을 가리지 않다.

不自量力
bú zì liàng lì

주제 넘다.

长生不老
cháng shēng bù lǎo

장생불로.

称心如意
chèn xīn rú yì

마음에 꼭 들다. 생각대로 되다.

成事不足，败事有余
chéng shì bù zú, bài shì yǒu yú

일을 성사시키기에는 부족하고, 일을 망치기에는 남음이 있다; 일을 성공시키지는 못하고 오히려 망치다.

诚心诚意
chéng xīn chéng yì

성심성의.

吃一堑长一智
chī yí qiàn zhǎng yí zhì

한 번 좌절을 당하면, 그만큼 현명해진다.

出人意料
chū rén yì liào

생각 밖이다. 예상을 뛰어넘다.

传宗接代
chuán zōng jiē dài

대를 잇다.

答非所问
dá fēi suǒ wèn

동문서답하다.

大材小用
dà cái xiǎo yòng

큰 인재가 작은 일에 쓰이다. 큰 인재가 썩다.

大吃一惊
dà chī yì jīng

크게 놀라다.

大惊小怪
dà jīng xiǎo guài

하찮은 일에 크게 놀라다.

大难临头
dà nàn lín tóu

큰 재난이 닥쳐오다.

大器晚成
dà qì wǎn chéng

대기만성.

大失所望
dà shī suǒ wàng

크게 실망하다.

大手大脚
dà shǒu dà jiǎo

돈을 물 쓰듯 쓰다. 돈이나 물건을 마구 헤프게 쓰다.

大同小异
dà tóng xiǎo yì

대동소이하다.

大鱼大肉
dà yú dà ròu

기름진 음식.

单刀直入
dān dāo zhí rù

단도 직입적으로 말하다.

胆小怕事
dǎn xiǎo pà shì

담이 작다. 겁이 많다.

得寸进尺
dé cùn jìn chǐ

욕망은 한이 없다.

得意忘形
dé yì wàng xíng

뜻을 이루자 기쁜 나머지 자기 자신을 잊다. 자만하여 자신의 처지를 잊다.

颠倒黑白
diān dǎo hēi bái

흑백을 전도하다. 고의로 사실을 왜곡하다.

丢三落四
diū sān là sì

잘 빠뜨리다. 건망증이 심하다.

东奔西走
dōng bēn xī zǒu

동분서주하다.

独断专行
dú duàn zhuān xíng

의논하지 않고 제 마음대로 결단하여 행하다.

度日如年
dù rì rú nián

하루가 일 년 같다.

对牛弹琴
duì niú tán qín

쇠귀에 거문고 뜯기. 쇠귀에 경읽기.

多才多艺
duō cái duō yì

다재다능하다.

多多益善
duō duō yì shàn

다다익선

多嘴多舌
duō zuǐ duō shé

쓸데 없는 말을 하다. 쓸데 없는 말참견을 하다.

而立之年
ér lì zhī nián

30세.

繁荣昌盛
fán róng chāng shèng

(국가가) 번영하여 기세좋게 발전해 나가다.

丰富多彩
fēng fù duō cǎi

풍부하고 다채롭다.

风土人情
fēng tǔ rén qíng

풍토와 인정.

风言风语
fēng yán fēng yǔ

근거 없는 소문. 뜬소문.

奉公守法
fèng gōng shǒu fǎ

공무를 중히 여기고 법을 지키다.

甘拜下风
gān bài xià fēng

남만 못함을 스스로 인정하다.

敢作敢当
gǎn zuò gǎn dāng

과감하게 행하고 용감하게 책임을 지다.

感情用事
gǎn qíng yòng shì

(냉정하게 고려하지 않고) 감정에 의해서 일을 처리하다.

高傲自大
gāo ào zì dà

오만하고 건방지다.

高人一等
gāo rén yì děng

남보다 한 수 위다.

高谈阔论
gāo tán kuò lùn

고상하고 오묘한 의론을 끊임없이 주고 받다. 장광설을 늘어놓다.

高枕无忧
gāo zhěn wú yōu

마음이 편안하고 근심 걱정이 없다. 지나치게 낙관하다.

格格不入
gé gé bú rù

전혀 어울리지 않다.

公平交易
gōng píng jiāo yì

공정하게 거래하다.

公事公办
gōng shì gōng bàn

공적인 일은 공정하게 원칙적으로 처리하다.

供不应求
gōng bù yìng qiú

공급이 수요를 따르지 못하다.

供过于求
gōng guò yú qiú

공급이 수요를 초과하다.

恭敬不如从命
gōng jìng bù rú cóng mìng

말씀하시는 대로 따르는 것이 가장 예의 바른 것이다.

恭喜发财
gōng xǐ fā cái

부자 되시길 바랍니다.

狗改不了吃屎
gǒu gǎi bu liǎo chī shǐ

개는 똥을 먹는 버릇을 고칠 수 없다; 제버릇 개 못준다.

狗急跳墙
gǒu jí tiào qiáng

개도 급하면 담장을 뛰어 넘는다; 궁한 쥐가 고양이를 문다.

狗拿耗子
gǒu ná hào zi

개가 쥐를 잡다; 쓸데 없이 참견하기 좋아하다.

狗嘴里吐不出象牙
gǒu zuǐ li tǔ bu chū xiàng yá

개 입으로 상아를 토해 낼 수는 없다; 하찮은 인간은 품위 있는 말을 못한다. 개는 개소리 밖에 낼 수 없다.

孤陋寡闻
gū lòu guǎ wén

학문이 얕고 견문이 좁다. 보고 들은 것이 적다.

顾此失彼
gù cǐ shī bǐ

이것을 돌보다 보니 저것을 놓치다; 한쪽에 열중하다 보니 다른 쪽을 소홀히 하다.

刮目相看
guā mù xiāng kàn

눈을 비비고 다시 보다. 새로운 안목으로 대하다. 괄목상대하다.

挂羊头卖狗肉
guà yáng tóu mài gǒu ròu

양의 머리를 걸어 놓고 개고기를 판다; 속과 겉이 다르다.

鬼头鬼脑
guǐ tóu guǐ nǎo

살금살금 못된 짓을 하다. 교활하고 음흉하다.

过河拆桥
guò hé chāi qiáo

강을 건넌 뒤 다리를 부숴 버리다; 목적을 이룬 뒤에는 도와 준 사람의 은공을 모른다.

海底捞针
hǎi dǐ lāo zhēn

바다 밑에서 바늘을 건지다; 잔디밭에서 바늘 찾기.

好好先生
hǎo hǎo xiānsheng
무골호인.

好景不长
hǎo jǐng bù cháng
호경기가 늘 계속되는 것은 아니다.

好梦不长
hǎo mèng bù cháng
달콤한 꿈은 오래 가지 않는다.

好人做到底
hǎo rén zuò dào dǐ
좋은 사람이 되려면 끝까지 좋은 사람이 되어라; 남을 도와 주려면 끝까지 도와 주어라.

好上加好
hǎo shàng jiā hǎo
더 없이 좋다.

好心好意
hǎo xīn hǎo yì
선의.

好吃懒做
hào chī lǎn zuò
먹기만 좋아하고 일하기를 게을리하다.

和平共处
hé píng gòng chǔ
평화공존.

黑白不分
hēi bái bù fēn
시비가 뒤섞여 분명치 않다.

黑白分明
hēi bái fēn míng
흑백이 분명하다. 시비가 분명하다.

恨之入骨
hèn zhī rù gǔ

원한이 골수에 사무치다.

恨铁不成钢
hèn tiě bù chéng gāng

무쇠가 강철로 되지 못함을 안타까워 하다; 훌륭한 사람이 되지 못함을 한스러워 하다.

祸不单行
huò bù dān xíng

엎친 데 덮친다.

后顾之忧
hòu gù zhī yōu

뒷근심. 뒷걱정.

后会有期
hòu huì yǒu qī

재회할 때가 또 있다. 후에 또 만납시다.

后台老板
hòu tái lǎo bǎn

배후 조종자. 막후의 인물.

胡说八道
hú shuō bā dào

엉터리로 말하다.

胡思乱想
hú sī luàn xiǎng

터무니 없는 생각을 하다. 허튼 생각을 하다.

虎头蛇尾
hǔ tóu shé wěi

범 대가리에 뱀의 꼬리; 용두사미.

花花公子
huā huā gōng zǐ

부잣집의 방탕한 자식. 플레이보이.

花天酒地
huā tiān jiǔ dì
주색에 빠진 방탕한 생활.

话不投机
huà bù tóu jī
이야기가 어울리지 않다. 말할 때 서로 의견이 맞지 않다.

换汤不换药
huàn tāng bú huàn yào
약탕만 바꾸고 약은 바꾸지 않다; 형식만 바꾸고 내용은 바꾸지 않다.

黄道吉日
huáng dào jí rì
길일.

黄金时代
huáng jīn shí dài
황금시대.

挥金如土
huī jīn rú tǔ
돈을 물 쓰듯 하다.

回心转意
huí xīn zhuǎn yì
마음을 돌리다. 태도를 바꾸다.

悔过自新
huǐ guò zì xīn
잘못을 뉘우치고 새출발하다.

昏迷不醒
hūn mí bù xǐng
정신을 잃고 깨어나지 못하다.

火上加油
huǒ shàng jiā yóu
불난 데 기름을 끼얹다; 불난 집에 부채질하다.

货真价实
huò zhēn jià shí
물건도 진짜고 (품질도 믿을 만하고) 값도 싸다.

饥不择食
jī bù zé shí
배고플 때는 찬 밥 더운 밥 가릴 여유가 없다. 다급할 때는 이것 저것 가릴 여유가 없다.

机不可失, 时不再来
jī bù kě shī, shí bù zài lái
기회를 놓치지 말아라, 때는 다시 오지 않는다.

鸡毛蒜皮
jī máo suàn pí
닭털과 마늘 껍질. 사소하고 보잘 것 없는 일.

既来之, 则安之
jì lái zhī, zé ān zhī
기왕 온 바에는 안심하고 살아야 한다; 기왕 온 바에는 편안하게 지낸다.

家常便饭
jiā cháng biàn fàn
평소 집에서 먹는 식사. 흔히 있는 일.

家丑不可外扬
jiā chǒu bù kě wài yáng
집안 허물을 밖으로 드러내서는 안 된다.

嫁祸于人
jià huò yú rén
자기의 죄나 화를 남에게 전가하다.

嫁鸡随鸡, 嫁狗随狗
jià jī suí jī, jià gǒu suí gǒu
여자는 출가해서는 남편을 따라야 한다.

简单明了
jiǎn dān míng liǎo
간단명료하다.

见风使舵
jiàn fēng shǐ duò
바람을 보고 노를 젓다; 형편을 보아 일을 처리하다. 기회주의적인 태도를 취하다.

江山如画
jiāng shān rú huà
강산이 그림같이 아름답다.

江山易改, 秉性难移
jiāng shān yì gǎi, bǐng xìng nán yí
강산은 바꾸기 쉬워도 타고난 본성은 바꾸기 어렵다.

骄傲自满
jiāo ào zì mǎn
교만하다.

脚踏两只船
jiǎo tà liǎng zhǐ chuán
양다리를 걸치다.

截然不同
jié rán bù tóng
뚜렷이 다르다.

借刀杀人
jiè dāo shā rén
남의 칼을 빌어서 사람을 죽이다; 남을 이용하여 사람을 해치다.

借花献佛
jiè huā xiàn fó
남의 꽃을 빌어 부처에게 바치다; 남의 것으로 인심을 쓰다.

借酒浇愁
jiè jiǔ jiāo chóu
술기운을 빌어 시름을 달래다.

斤斤计较
jīn jīn jì jiào
(자질구레하거나 중요하지 않은 일을) 지나치게 따지다.

今朝有酒今朝醉
jīn zhāo yǒu jiǔ jīn zhāo zuì

오늘 술이 있으면 오늘 취한다; 오늘은 오늘이고 내일은 내일이다. 그럭저럭 되는대로 살아가다.

锦上添花
jǐn shàng tiān huā

금상첨화.

尽心尽力
jìn xīn jìn lì

몸과 마음을 다하다. 있는 성의를 다하다.

进退两难
jìn tuì liǎng nán

진퇴양난.

经久耐用
jīng jiǔ nài yòng

오래 쓰다.

经验之谈
jīng yàn zhī tán

경험담.

惊喜交加
jīng xǐ jiāo jiā

놀람과 기쁨이 교차하다.

兢兢业业
jīng jīng yè yè

신중하고 조심스럽게 맡은 일을 열심히 하다. 부지런하고 성실하다.

精打细算
jīng dǎ xì suàn

정밀하게 계획하다. 면밀하게 계산하다.

精明强干
jīng míng qiáng gàn

똑똑하고 빈틈없다. 똑똑하고 일을 잘하다.

| 井底之蛙 | 우물 안의 개구리. |
| jǐng dǐ zhī wā | |

酒肉朋友
jiǔ ròu péng you

술 친구. 오로지 함께 먹고 마시고 노는 친구로, 어려움은 함께 할 수 없는 친구.

旧病复发
jiù bìng fù fā

① 지병이 도지다. ② 나쁜 경향이나 버릇이 재발하다.

举世闻名
jǔ shì wén míng

세상에 널리 이름 나다.

举手之劳
jǔ shǒu zhī láo

사소한 수고.

举一反三
jǔ yī fǎn sān

한 가지 일로부터 다른 것을 미루어 알다; 하나를 보고 열을 안다.

靠山吃山, 靠水吃水
kào shān chī shān, kào shuǐ chī shuǐ

산을 낀 곳에서는 산을 이용해서 먹고 살고, 강을 낀 곳에서는 강을 이용해서 먹고 산다.

可有可无
kě yǒu kě wú

있어도 되고 없어도 된다.

口是心非
kǒu shì xīn fēi

말로는 찬성하나 속으로는 반대하다; 말과 마음이 다르다.

苦尽甘来
kǔ jìn gān lái

고진감래. 고생 끝에 낙이 온다.

苦心经营
kǔ xīn jīng yíng
고심하여 경영하다.

宽宏大量
kuān hóng dà liàng
도량이 넓고 크다.

来历不明
lái lì bù míng
내력이 의심스럽다.

来之不易
lái zhī bú yì
성공을 거두거나 손에 넣기가 쉽지 않다.

浪子回头金不换
làng zǐ huí tóu jīn bú huàn
방탕한 자식의 개심은 돈으로도 바꿀 수 없다.

老虎屁股摸不得
lǎo hǔ pì gu mō bù dé
호랑이 엉덩이와 같이 아무도 건드리려고 하지 않다; 위험한 일에는 손을 대지 않는다.

乐极生悲
lè jí shēng bēi
지나치게 기뻐하면 슬픈 일이 생긴다.

冷酷无情
lěng kù wú qíng
냉혹하고 정 떨어지다.

冷血动物
lěng xuè dòng wù
냉혈동물. 냉혹한 사람

冷言冷语
lěng yán lěng yǔ
풍자의 의미를 담은 쌀쌀한 말. 비꼬는 말.

理所当然
lǐ suǒ dāng rán
도리로 보아 당연하다.

力不从心
lì bù cóng xīn
할 마음은 있으나, 힘이 따르지 못하다.

恋恋不舍
liàn liàn bù shě
아쉬움에 헤어지지 못하다. 떨어지기에 몹시 아쉬워하다.

两面三刀
liǎng miàn sān dāo
양다리를 걸치며, 겉과 속이 다르다.

两全其美
liǎng quán qí měi
쌍방이 모두 좋게 하다.

量力而行
liàng lì ér xíng
능력을 헤아려서 행하다.

了如指掌
liǎo rú zhǐ zhǎng
손바닥을 가리키듯 확실히 안다; 제 손금을 보듯 훤하다.

另眼相看
lìng yǎn xiāng kàn
① (중요하지 않은 사람을) 특별히 대우하다.
② (문제가 없는 사람을) 다른 눈초리로 바라보다.

碌碌无为
lù lù wú wéi
평범하여 특별한 능력이 없다.

路遥知马力, 日久见人心
lù yáo zhī mǎ lì, rì jiǔ jiàn rén xīn
길이 멀어야 말의 힘을 알 수 있고, 세월이 흘러야 사람의 마음을 알 수 있다.

乱七八糟 luàn qī bā zāo	엉망진창이다. 아수라장이다.
马到成功 mǎ dào chéng gōng	① 신속하게 승리를 쟁취하다. ② 일이 빨리 이루어지다.
埋没人才 mái mò rén cái	인재를 매몰하다.
蛮不讲理 mán bù jiǎng lǐ	전혀 사리를 가리지 않고, 막무가내로 행동하다.
没大没小 méi dà méi xiǎo	버르장머리 없다.
没头没脑 méi tóu méi nǎo	① 단서가 없다. ② 갑작스럽다.
没完没了 méi wán méi liǎo	한도 없고 끝도 없다.
眉来眼去 méi lái yǎn qù	눈짓으로 마음을 전하다. 추파를 던지다.
美中不足 měi zhōng bù zú	훌륭한 가운데에도 조금 모자라는 점이 있다; 옥에도 티가 있다.
门外汉 mén wài hàn	문외한.

闷闷不乐
mèn mèn bú lè
마음이 답답하고 울적하다.

面面俱到
miàn miàn jù dào
각 방면을 빈틈없이 돌보다.

名符其实
míng fú qí shí
명실상부하다.

名利双收
míng lì shuāng shōu
명성과 재물을 함께 얻다.

明知故问
míng zhī gù wèn
잘 알면서 일부러 묻다.

莫名其妙
mò míng qí miào
영문을 모르다.

默默无言
mò mò wú yán
묵묵히 말이 없다.

目中无人
mù zhōng wú rén
안하무인.

男儿有泪不轻弹
nán ér yǒu lèi bù qīng tán
사나이는 눈물을 쉽게 흘리지 않는다.

男女有别
nán nǚ yǒu bié
남녀유별하다.

男尊女卑
nán zūn nǚ bēi

남존여비.

难舍难分
nán shě nán fēn

연연해하며 헤어지기 싫어하다. 차마 떨어지지 못하다.

内柔外刚
nèi róu wài gāng

내유외강

能歌善舞
néng gē shàn wǔ

노래도 잘 하고 춤도 잘 춘다.

能上能下
néng shàng néng xià

지도자도 될 수 있고, 일반 대중도 될 수 있다.

你死我活
nǐ sǐ wǒ huó

결사적으로. 목숨을 걸고.

弄假成真
nòng jiǎ chéng zhēn

장난삼아 한 것이 사실로 되다.

女大十八变
nǚ dà shí bā biàn

여자는 성장할 때까지 여러 번 모습이 바뀐다.

判若两人
pàn ruò liǎng rén

전혀 딴사람 같다.

旁观者清
páng guān zhě qīng

방관자가 사물을 냉정히 바르게 본다.

披头散发
pī tóu sàn fà

머리를 풀어 헤치다. 머리털이 마구 헝클어지다.

疲惫不堪
pí bèi bù kān

피로가 극에 달하다.

屁滚尿流
pì gǔn niào liú

방귀가 나오고 오줌을 쌀 정도로 몹시 놀라서 쩔쩔매다. 혼비백산하다.

平起平坐
píng qǐ píng zuò

동등한 자격으로 대하다. 지위나 권력이 동등하다.

婆婆妈妈
pó po mā mā

① 쓸데 없는 말을 이러쿵저러쿵하는 모양.
② 남자답지 못하다.

铺张浪费
pū zhāng làng fèi

허세를 부리며 낭비하다.

七情六欲
qī qíng liù yù

모든 욕망과 감정.

欺人太甚
qī rén tài shèn

남을 너무 업신여기다.

骑虎难下
qí hǔ nán xià

호랑이를 타고 있어 내리기가 힘들다. 어떤 일을 중도에서 중지하고 손을 뗄 수 없다.

岂有此理
qǐ yǒu cǐ lǐ

어찌 이럴 수가 있는가?

前怕狼，后怕虎
qián pà láng, hòu pà hǔ

사람이 소심하여 이것저것 우려하다. 쓸데없는 근심과 걱정을 하다.

亲朋好友
qīn péng hǎo yǒu

친척과 친한 친구.

寝食不安
qǐn shí bù ān

생활이 불안정하다. 마음이 불안하다.

轻手轻脚
qīng shǒu qīng jiǎo

행동을 살금살금하다.

卿卿我我
qīng qīng wǒ wǒ

남녀가 화목하고 즐겁게 이야기를 나누는 모양.

情投意合
qíng tóu yì hé

의기투합하다. 감정이 서로 통하고 의견이 일치하다.

取长补短
qǔ cháng bǔ duǎn

장점을 취하여 단점을 보충하다.

全心全意
quán xīn quán yì

성심성의.

人不可貌相
rén bù kě mào xiàng

사람은 겉모습만 보고 판단해서는 안 된다.

人才辈出
rén cái bèi chū

인재가 배출되다.

人财两空
rén cái liǎng kōng
몸(사람)도 재산도 다 없어지다.

人来人往
rén lái rén wǎng
사람이 (끊임 없이) 왕래하다(오가다).

人情世故
rén qíng shì gù
처세술. 세상 물정.

人山人海
rén shān rén hǎi
인산인해. 아주 많이 모인 사람의 무리.

软弱无能
ruǎn ruò wú néng
연약하고 무능하다.

软硬不吃
ruǎn yìng bù chī
얼러도 안 듣고 때려도 안 듣다. 아무 수단도 방법도 통하지 않다.

弱肉强食
ruò ròu qiáng shí
약육강식.

塞翁失马
sài wēng shī mǎ
새옹지마.

三长两短
sān cháng liǎng duǎn
뜻밖의 재난이나 변고.

三三两两
sān sān liǎng liǎng
삼삼오오.

三心二意
sān xīn èr yì
마음 속으로 이리저리 망설이다. 딴 마음을 품다.

山穷水尽
shān qióng shuǐ jìn
막다른 골목에 몰리다. 이러지도 저러지도 못하게 되다.

山珍海味
shān zhēn hǎi wèi
산해진미.

上有老, 下有小
shàng yǒu lǎo, xià yǒu xiǎo
집에 부양하는 노인과 어린 아이가 있다.

深思熟虑
shēn sī shú lǜ
심사숙고하다.

神经过敏
shén jīng guò mǐn
신경과민.

生老病死
shēng lǎo bìng sǐ
생로병사.

生死之交
shēng sǐ zhī jiāo
생사를 같이 하는 벗; 벗을 위하여 목숨도 바칠 수 있는 사이.

失败乃成功之母
shī bài nǎi chéng gōng zhī mǔ
실패는 성공의 어머니.

十全十美
shí quán shí měi
완전 무결하여 나무랄 데가 없다.

十有八九
shí yǒu bā jiǔ
십중팔구.

实话实说
shí huà shí shuō
진실을 말하다. 사실대로 말하다.

实事求是
shí shì qiú shì
실사구시.

始终如一
shǐ zhōng rú yī
시종여일. 시작부터 끝까지 변함없이 한결 같다.

适得其反
shì dé qí fǎn
(결과가 바라는 바와) 정반대가 되다.

适可而止
shì kě ér zhǐ
적당한 정도에서 그치다(그만두다).

手忙脚乱
shǒu máng jiǎo luàn
몹시 바빠서 이리 뛰고 저리 뛰다. 다급해서 갈피를 잡지 못하다.

首屈一指
shǒu qū yì zhǐ
첫 째. 제일.

数一数二
shǔ yī shǔ èr
뛰어나다. 손꼽히다.

束手无策
shù shǒu wú cè
속수무책이다.

双喜临门
shuāng xǐ lín mén

이중의 경사가 찾아오다. 겹경사.

水火不相容
shuǐ huǒ bù xiāng róng

(물과 불처럼) 서로가 근본적으로 용납될 수 없다.

说一不二
shuō yī bú èr

두말하지 않다. 말한 대로 하다.

思前想后
sī qián xiǎng hòu

지난 날을 회상하고 앞날을 여러모로 생각하다. 앞과 뒤를 생각하다.

四面楚歌
sì miàn chǔ gē

사면초가.

四通八达
sì tōng bā dá

사통팔달.

送货上门
sòng huò shàng mén

상점에서 물건을 집에까지 배달해주다.

速战速决
sù zhàn sù jué

속전속결.

忐忑不安
tǎn tè bù ān

마음이 불안하다. 안절부절 못하다.

讨价还价
tǎo jià huán jià

흥정하다. 여러 가지 조건을 내걸고 따지다.

天不怕地不怕
tiān bú pà dì bú pà

하늘도 땅도 무섭지 않다. 천하에 두려운 것은 아무 것도 없다.

天下第一
tiān xià dì yī

천하에서 제일이다.

天真烂漫
tiān zhēn làn màn

천진난만하다.

添油加醋
tiān yóu jiā cù

보태어 말하다. 화를 돋구는 말을 덧붙이다.

同心协力
tóng xīn xié lì

마음을 합쳐 협력하다; 일치단결하다.

偷偷摸摸
tōu tou mō mō

슬며시. 남몰래.

土生土长
tǔ shēng tǔ zhǎng

현지에서 태어나고 자라다.

万寿无疆
wàn shòu wú jiāng

만수무강하다.

万无一失
wàn wú yì shī

만무일실. 만에 하나의 실수도 없다.

忘恩负义
wàng ēn fù yì

배은망덕하다.

无法无天
wú fǎ wú tiān

① 법도 하늘도 업신여기다. 난폭하다. ② 무법천지.

无价之宝
wú jià zhī bǎo

값을 매길 수 없는 보물. 돈을 주고 살 수 없는 보물.

无名英雄
wú míng yīng xióng

무명의 영웅

无情无意
wú qíng wú yì

무정하다. 냉정하다.

无所不能
wú suǒ bù néng

못할 것이 없다. 뭐든지 다 할 수 있다.

无缘无故
wú yuán wú gù

① 전혀 관계가 없다. ② 아무 이유도 없다.

五十步笑百步
wǔ shí bù xiào bǎi bù

오십보백보. 겨 묻은 개가 똥 묻은 개를 나무란다.

喜新厌旧
xǐ xīn yàn jiù

새로운 것을 좋아하고, 옛 것을 싫어하다. 싫증을 잘 내다. 애정이 한결같지 않다.

贤妻良母
xián qī liáng mǔ

현모양처.

想方设法
xiǎng fāng shè fǎ

온갖 방법을 생각하다. 갖은 방법을 다하다.

小恩小惠
xiǎo ēn xiǎo huì

(사람을 꾀기 위하여 베푸는) 작은 선심.

小心翼翼
xiǎo xīn yì yì

거동이 신중하고 소홀함이 없다. 매우 조심스럽다.

谢天谢地
xiè tiān xiè dì

고맙기 그지 없다. 감지덕지하다.

心服口服
xīn fú kǒu fú

마음으로도 감복하고 말로도 탄복하다.

心狠手辣
xīn hěn shǒu là

마음이 독하고 하는 짓이 악랄하다.

心满意足
xīn mǎn yì zú

매우 만족해 하다.

心想事成
xīn xiǎng shì chéng

바라는 일이 모두 이루어지다.

新陈代谢
xīn chén dài xiè

신진대사.

形形色色
xíng xíng sè sè

형형색색의.

袖手旁观
xiù shǒu páng guān

수수방관하다. 남의 일에 관여하지 않다.

言过其实 yán guò qí shí	말이 과장되어 사실과 맞지 않다. 사실보다 과장해서 말하다.
言行一致 yán xíng yí zhì	언행일치.
洋洋得意 yáng yáng dé yì	득의양양하다.
野心勃勃 yě xīn bó bó	야심이 가득하다. 야심 만만하다.
夜长梦多 yè cháng mèng duō	밤이 길면 꿈이 많다; 시간이 길어지면 변화가 생기기 쉽다. 일을 길게 끌면 문제가 생기기 마련이다.
一本万利 yì běn wàn lì	적은 자본으로 큰 이익을 얻다.
一表人才 yì biǎo rén cái	훌륭한 인물.
一见钟情 yí jiàn zhōng qíng	첫 눈에 반하다.
一举一动 yì jǔ yí dòng	일거일동.
一毛不拔 yì máo bù bá	털 한 가닥도 안 뽑는다; 매우 인색하다.

一无所有
yī wǔ suǒ yǒu
아무 것도 없다.

衣锦还乡
yī jǐn huán xiāng
금의환향하다.

衣食住行
yī shí zhù xíng
의식주와 교통. 즉 생활의 기본 요소.

以毒攻毒
yǐ dú gōng dú
① 독으로 독을 물리치다.
② 악인을 물리치는데 다른 악인을 이용하다.

以貌取人
yǐ mào qǔ rén
용모로 사람을 평가하다. 용모로 사람을 고르다.

意气扬扬
yì qì yáng yáng
의기양양하다. 정신이 분발되고 기개가 드높다.

引人注目
yǐn rén zhù mù
사람들의 주목을 끌다.

英雄本色
yīng xióng běn sè
영웅본색.

优柔寡断
yōu róu guǎ duàn
우유부단하다.

油盐酱醋
yóu yán jiàng cù
기름·소금·간장·식초. 식생활 필수품.

有名无实
yǒu míng wú shí

유명무실.

糟糠之妻
zāo kāng zhī qī

조강지처.

战战兢兢
zhàn zhàn jīng jīng

두려워서 벌벌 떠는 모양.
전전긍긍하다.

争风吃醋
zhēng fēng chī cù

질투하여 다투다.

知己知彼
zhī jǐ zhī bǐ

지피지기.

重男轻女
zhòng nán qīng nǚ

남자를 중시하고 여자를 경시하다. 남존여비.

助人为乐
zhù rén wéi lè

남을 돕는 것을 기쁘게 생각하다.

自暴自弃
zì bào zì qì

자포자기하다.

左思右想
zuǒ sī yòu xiǎng

여러 가지로 생각하다. 이리저리 생각하다.

左右为难
zuǒ yòu wéi nán

양자 틈에 끼어 꼼짝 못하다. 어느 쪽으로 해도 난처
하다.

한중 어휘 사전

저자 이명순

송산출판사

Shān wài yǒu shān, tiān wài yǒu tiān.

山 外 有 山， 天 外 有 天。

뛰는 놈 위에 나는 놈 있다.

memo

memo